Grado 2

# A explorar

A

The McGraw-Hill Companies

 **Macmillan/McGraw-Hill**

Published by Macmillan/McGraw-Hill, of McGraw-Hill Education, a division of The McGraw-Hill Companies, Inc.,
Two Penn Plaza, New York, New York 10121.

Printed in the United States of America

5  6  7  8  9  10  11  12  WEB  20  19  18  17  16  15  14

# Contenido

# Contenido

# ¿Cómo puedes describir dónde está algo?

La **posición** es el lugar donde se encuentra una cosa. Puedes decir la posición de un objeto. Compáralo con algo que no se mueva. Usa palabras como *arriba, abajo, a la izquierda, a la derecha, cerca, lejos, al lado, a, en, sobre* y *debajo.* Estas palabras describen la posición de algo.

▼ **El pez anaranjado está a la izquierda del cofre.**

Cuando algo se mueve, cambia de posición. Puedes describir la nueva posición comparándola con otros objetos o con algo que se encuentra al fondo.

▼ **El pez anaranjado está justo sobre el cofre.**

# Movimiento poético

## Algunos ciclistas asombrosos hacen volteretas hacia atrás en bicicleta

¿Cómo viajas en bicicleta? La mayoría de la gente viaja por el suelo. ¡Pero algunas personas vuelan con bicicletas! Mira esta foto. ¿Cuántas bicicletas ves? Sólo hay una bicicleta. Esta foto es en realidad muchas fotos combinadas en una. Todas las imágenes muestran la misma bicicleta. La bicicleta está en movimiento. ¡El ciclista está haciendo una voltereta en el aire!

Él empieza su recorrido en el lado derecho de la foto. Parte desde una rampa marrón. Aterriza en la pila de arena que está a la izquierda.

Seb Rogers/Alamy

Para empezar su voltereta, el ciclista se inclina hacia atrás. ¿Dónde se inclina hacia atrás? La rueda delantera está apuntando al cielo. La rueda trasera está apuntando al suelo.

En el medio de la voltereta el ciclista queda cabeza abajo. Observa la foto. ¿En qué lugar está cabeza abajo? Observa el casco. Cuando el ciclista está cabeza abajo, ¡su casco apunta al suelo! Las dos ruedas están apuntando al cielo.

Observa la foto. ¿Dónde aterriza el ciclista? Cuando el ciclista aterriza, las ruedas tocan el suelo. La rueda delantera aterriza primero. El ciclista ya no está arriba de la camioneta ni de la rampa.

Se necesita mucha práctica para aprender este truco. ¡Este ciclista es un experto! — *Susan Moger*

# Cuadro de escritura: Comparar y contrastar

**Usa el siguiente cuadro de escritura para resumir oralmente "¿Cómo puedes describir dónde está algo?".**

Las fotografías de estas páginas **se parecen** en varias maneras. Son **iguales** porque _____
_____.

Las fotografías también son **parecidas** porque ambas
_____.

Sin embargo, de otra manera las fotografías son **diferentes.**

Son **diferentes** porque _____
_____.

Por lo tanto las fotografías de estas páginas **se parecen** en varias maneras y **se diferencian** en una manera.

Usa el cuadro para escribir el resumen en una hoja. Asegúrate de incluir las palabras **resaltadas.** Puedes usar esta Estructura del texto para escribir un resumen de un artículo o selección.

# Pensamiento crítico

**1** El lugar donde algo se encuentra se llama su

_____ .

    **A.** posición

    **B.** grado

    **C.** planeta

**2** Busca las palabras que describan posición en "¿Cómo puedes describir dónde está algo?"

**3** Observa el texto de la página 7. Encuentra cómo describir la nueva posición de algo.

**4** Busca la primera fotografía de "¿Cómo puedes describir dónde está algo?" y lee la leyenda en voz alta.

> Una leyenda es un título o una explicación de una fotografía.

## Aprendizaje digital

Para obtener una lista de enlaces y actividades sobre este tema, visita la página de **Tesoros de lectura** en www.macmillanmh.com.

# Objetos en movimiento

Cuando algo se mueve, está en **movimiento**. El movimiento es un cambio de posición. La clavadista está en movimiento. Empieza en el trampolín. Da un salto en el aire. Cae a la piscina. Su posición cambia.

**1**

▲ La clavadista empieza en el trampolín.

**2**

▲ Da un salto en el aire.

**3**

▲ Cae a la piscina.

# ¿Qué son las fuerzas?

Tienes que usar la fuerza para poner algo en movimiento. Una fuerza es un empuje o un tirón. Si empujas algo, se moverá alejándose de ti. Una patada es un empuje. Tirar de algo lo atrae hacia ti. Cuando abres un cajón, tiras de él. Si usas much fuerza para empujar o tirar una cosa, la cosa se moverá mucho.

Una **máquina simple** puede ayudarte a empujar o tirar de algo. Una rueda es una máquina simple. Como rueda, hace más fácil empujar o tirar de cosas. Una rampa es otro tipo de máquina simple. Es más fácil empujar algo por una rampa.

▶ El hombre empuja el carrito.

rueda

El hombre empuja la caja.

▲ En este juego los niños tiran de cada extremo de la soga.

▲ La niña empuja el cochecito.

# Máquinas sorprendentes

## Mira estas máquinas. ¡Te dejarán boquiabierta!

Estos nuevos inventos son geniales. Son divertidos. Sus inventores usaron la imaginación. Dijeron: "¡Intentemos esto!"

### Murata Boy

Murata Boy es el primer robot del mundo que anda en bicicleta. Murata Boy tiene sensores en su cuerpo. Tiene una cámara en la cabeza. Todo esto lo ayudan a conducir.

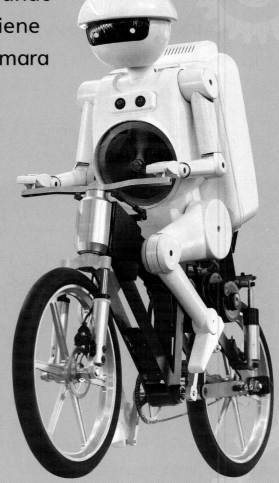

Nosotros usamos los pies para hacer mover una bicicleta. Primero empujamos sobre un pedal para que baje. El otro pedal sube. Empujamos ese pedal para que baje. Los pedales están unidos a las ruedas de la bicicleta. Al empujar los pedales, las ruedas giran. Cuanto más fuerte empujamos, más rápido vamos.

Koichi Kamoshida/Getty Images

## Delfines inmersos

Observa esta máquina. Se parece a un delfín. Los delfines usan sus aletas y cola para moverse por el agua. Esta máquina hace lo mismo. Las aletas y la cola hacen que se mueva. La cola empuja hacia atrás y hacia adelante contra el agua. Las aletas empujan hacia arriba y hacia abajo contra el agua.

Courtesy Structured Solutions II LLC

▲ El hombre usa un wovel para palear nieve.

## El wovel

¿Alguna vez paleaste nieve? ¡Es muy agotador! Esta máquina lo hace más fácil. Funciona como un subibaja. En un subibaja, tú y un amigo suben y bajan. Al empujar hacia abajo, haces que tu amigo suba. Cuando tu amigo baja, tú subes.

El wovel es como un subibaja sobre una rueda. Primero empujas hacia abajo el manubrio. La pala levanta la nieve. Si empujas hacia abajo con fuerza la nieve vuela por el aire. —*Susan Moger*

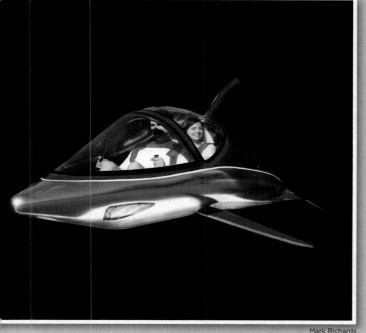

Mark Richards

# Cuadro de escritura: Causa y efecto

**Usa el siguiente cuadro de escritura para resumir oralmente "Objetos en movimiento" y "¿Qué son las fuerzas?"**

El movimiento es un cambio de posición. Al usar la fuerza puedes poner algo en _____ .

El **efecto** de esto es _____

_____ .

**Si** empujas algo que se puede mover, **entonces**

_____ .

**Si** tiras de algo que se puede mover, **entonces**

_____ .

**Por lo tanto,** cuando algo se mueve lo hace porque

_____ .

Usa el cuadro para escribir el resumen en otra hoja.
Usa las palabras **resaltadas.** Puedes usar esta
Estructura del texto para escribir un resumen.

# Pensamiento crítico

**1** Cuando algo se mueve está en _____.

   **A.** el medio

   **B.** secreto

   **C.** movimiento

**2** Busca la oración en "¿Qué son las fuerzas?" que diga qué sucede cuando empujas algo.

**3** Observa el texo de la página 13. ¿En qué parte dice qué sucederá si empujas con fuerza.

**4** Busca una fotografía con una leyenda. Comenta la leyenda con un compañero. ¿Qué información adicional te da que no está en el texto?

> Una leyenda es un título o una explicación de una fotografía.

## Aprendizaje digital

Para obtener una lista de enlaces y actividades sobre este tema, visita la página de **Tesoros de lectura** en www.macmillanmh.com.

# La gravedad

La **gravedad** es una fuerza. La gravedad atrae cosas entre sí. Todas las cosas tienen una fuerza de gravedad. Cuanto más grande es un objeto, mayor es la fuerza de gravedad que tiene. No puedes ver la gravedad, pero puedes sentirla. La gravedad te mantiene en el suelo. Te lleva de nuevo al suelo cuando saltas. Sin la gravedad volarías hacia el espacio exterior.

**La gravedad lleva a este paracaidista de nuevo al suelo.**

**suelo**

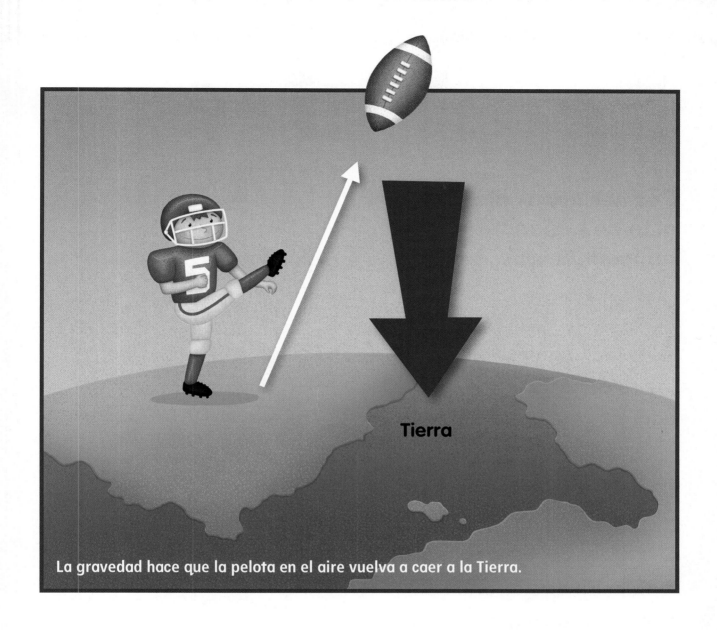

La gravedad hace que la pelota en el aire vuelva a caer a la Tierra.

La Tierra es muy grande. Tiene una gran
fuerza de gravedad. La gravedad de la Tierra es
más fuerte que la gravedad de cosas pequeñas.
Una pelota que se arroja al aire vuelve a caer
a la Tierra.

# En el aire

**Dos hermanos hacen un acto de malabarismo y rompen récords.**

David Strick

Los malabaristas arrojan las bolas hacia arriba. Las agarran. Y las vuelven a arrojar. Las bolas siempre se están moviendo. ¿Por qué es difícil hacer esto? La respuesta es: la gravedad.

Cuando arrojas una bola hacia arriba, la gravedad la tira hacia abajo. La gravedad es una fuerza. Atrae objetos unos hacia otros. Te hace bajar por un tobogán. Mantiene tus pies en el suelo.

Vova y Olga Galchenko son malabaristas. Estos hermanos vinieron a Estados Unidos desde Rusia. Vova tenía 15 años y Olga 12. Hacen malabarismo en todas partes. Quizás sean los mejores malabaristas que hayan existido. Cuando hacen malabares, parece que la gravedad no existiera.

Vova y Olga empezaron a hacer malabares cuando eran muy jóvenes. Practicaban muchísimo. Hacían malabares con bolas y clavas. Las clavas tienen mangos largos. Vova y Olga se pasan las clavas uno al otro y se las devuelven. Pueden hacer malabares con hasta 12 clavas al mismo tiempo. Mantienen un récord mundial de malabares con clavas.

Vova y Olga dicen: "Somos los únicos malabaristas temidos por la gravedad".

– Susan Moger

**Vova y Olga hacen malabares con clavas.**

David Strick

# Cuadro de escritura: Descripción

**Usa el siguiente cuadro de escritura para resumir oralmente "La gravedad".**

Todas las cosas tienen fuerza de gravedad. La gravedad es

_____

_____ .

Puedes sentir la gravedad. **Por ejemplo,** cuando saltas
puedes sentir la fuerza de gravedad _____

_____ .

Sin gravedad, tú _____

_____ .

La Tierra tiene una gran fuerza de gravedad debido a su
tamaño. **Por ejemplo,** una pelota que se arroja al aire

_____

_____ .

Usa el cuadro para escribir el resumen en otra hoja.
Asegúrate de incluir las palabras **resaltadas.** Guarda
esto como un modelo de esta Estructura del texto.

# Pensamiento crítico

**1** La fuerza que atrae cosas entre sí se llama

_____ .

    **A.** espacio

    **B.** grava

    **C.** gravedad

**2** Señala las oraciones de "En el aire" que dicen lo que hacen Vova y Olga Galchenko.

**3** Busca la oración en este artículo que dice con cuántas clavas pueden hacer malabares Vova y Olga al mismotiempo.

Un diagrama es un dibujo o un plano. Explica las partes de algo o cómo funciona.

**4** ¿Qué te dice el diagrama de la página 19? Coméntalo con un compañero.

## Aprendizaje digital

Para obtener una lista de enlaces y actividades sobre este tema, visita la página de **Tesoros de lectura** en www.macmillanmh.com.

# Los imanes empujan y tiran

Un imán puede empujar y tirar. Eso se llama fuerza magnética. Un imán puede **atraer**, o tirar de objetos hechos de hierro. Un imán no puede atraer una moneda de 1¢. La moneda no está hecha de hierro. ¿Crees que las monedas de 25¢ están hechas de hierro? ¿Cómo podrías averiguarlo?

◄ Esta máquina usa un imán enorme para levantar objetos grandes.

Los imanes pueden mover cosas sin tocarlas. Los imanes pueden atraer objetos sólidos, como papel, plástico o vidrio. También pueden atraer líquidos y gases. Cada imán tiene un campo magnético. Ésa es el área que rodea al imán, donde la fuerza atrae.

▼ Un imán no atrae objetos de bronce, aluminio u oro.

caldero de bronce

lata de aluminio

anillo de oro

Los imanes pueden atraer ▶ líquidos y sólidos.

El agua es un líquido.

# Trenes que funcionan con imanes

¿Qué tipo de tren no tiene ruedas y flota en el aire? ¡Sigue leyendo para averiguarlo!

Paul Souders/Corbis

El tren se mueve muy rápido. Va a hasta 310 millas por hora. Parece un juego de un parque de diversiones. Es el tren más rápido del mundo. Está en Shangai, China. Lleva a la gente desde el centro de la ciudad al aeropuerto. En auto se tarda 55 minutos. En el tren más rápido del mundo se tarda menos de 8 minutos.

¡Este tren nunca toca el suelo! El tren no anda sobre rieles de aceros. No tiene ruedas. Ni siquiera tiene motor. ¡Su movimiento viene de imanes! Se llama tren maglev. Los imanes están en un riel especial.

Ese riel se llama vía. Los imanes de la vía hacen mover al tren. El tren está a media pulgada de la vía. Los maglev son más rápidos y más silenciosos que cualquier otro tren. Además usan menos energía.

## Cómo funciona un maglev

Los imanes que separan mantienen al maglev en el aire. Los poderosos imanes que están en la vía y en el tren empujan al tren hacia arriba. Un motor eléctrico en la vía crea un campo magnético. El campo magnético tira del tren a lo largo de la vía.

El único maglev del mundo que está en funcionamiento está en Shanghai, China. China planea hacer otro maglev. Conectará Shanghai con Beijing. Francia, Alemania y Estados Unidos están muy interesados en los maglev. –Susan Moger

▼ Shanghai, China, tiene el primer maglev en funcionamiento.

ChinaFotoPress/UPPA/ZUMA Press/Newscom

# Cuadro de escritura: Descripción

**Usa el siguiente cuadro de escritura para resumir oralmente "Los imanes empujan y tiran".**

Un imán es _____

_____.

Eso se llama _____.

Un imán puede atraer objetos hechos de _____.

**Por ejemplo,** un imán no atrae una moneda de un centavo porque _____

_____.

Los imanes pueden atraer cosas como _____

_____.

Todos los imanes tienen un campo magnético, lo cual es

_____

_____.

Usa el cuadro para escribir el resumen en otra hoja.
Asegúrate de incluir las palabras **resaltadas.** Guarda
esto como un modelo de esta Estructura del texto.

# Pensamiento crítico

1   Un imán puede _____, o tirar de objetos hechos de hierro.

   **A.** atacar

   **B.** empujar

   **C.** atraer

2   Busca la oración de "Los imanes empujan y tiran" que dice lo que puede hacer un imán.

3   Observa las fotografías en este artículo. ¿Cuál fotografía muestra cómo funcionan los imanes con líquidos? ¿Qué dice el texto sobre los imanes y los líquidos?

4   ¿Qué nombran los rótulos de la página 25? Comenta los rótulos con un compañero.

Un rótulo es una palabra o frase corta que describe a alguien o algo.

## Aprendizaje digital

Para obtener una lista de enlaces y actividades sobre este tema, visita la página de **Tesoros de lectura** en www.macmillanmh.com.

# ¿Qué es el sonido?

El **sonido** se produce cuando algo **vibra**, o se mueve hacia atrás y hacia adelante. Cuando pulsas una cuerda, la cuerda vibra. El aire que la rodea también vibra. El aire en movimiento llega a tu oído. Tu oído tiene un tímpano. El tímpano vibra y tú escuchas el sonido.

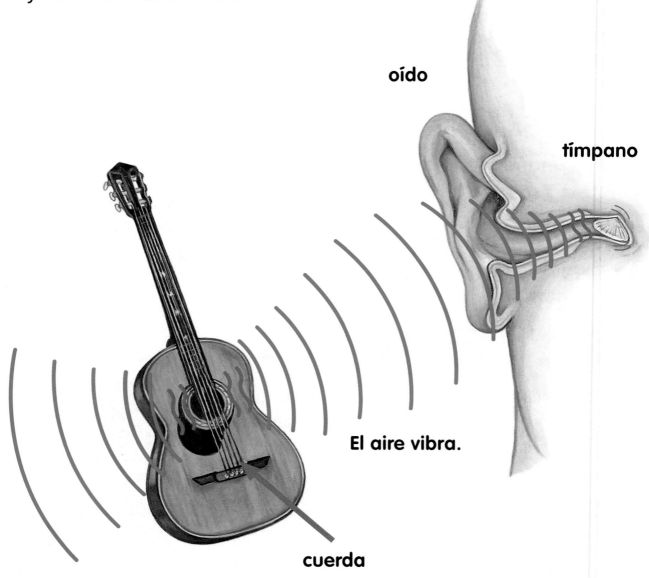

**oído**

**tímpano**

**El aire vibra.**

**cuerda**

Cuando un sonido es fuerte, las vibraciones son grandes. Cuando un sonido es suave, las vibraciones son pequeñas. Cuando gritas produces vibraciones grandes. Cuando susurras produces vibraciones pequeñas. El **volumen** describe la fuerza de un sonido.

El **tono** describe lo alto o lo bajo que es un sonido. Cuando un sonido es bajo, las vibraciones son lentas. El mugido de una vaca tiene un tono bajo. Cuando un sonido tiene un tono alto, las vibraciones son rápidas. El maullido de un gato tiene un tono alto.

▼ Los gritos producen vibraciones grandes.

▲ Los susurros producen vibraciones pequeñas.

◄ Cuando golpeas una barra corta, el tono es alto. Cuando golpeas una barra larga, el tono es bajo.

tono alto    tono bajo

# Bajen el volumen

## Los ruidos fuertes pueden dañar tus oídos, por eso... ¡baja el volumen!

¿Te gusta escuchar música con audífonos? Baja el volumen. Los sonidos fuertes pueden dañar tu audición.

¿Qué es un sonido fuerte? Un trueno es fuerte. La sirena de un camión de bomberos también es fuerte. No puedes controlar el trueno ni la sirena del camión.

Pero puedes controlar la fuerza de algunos sonidos. Cuando subes el volumen de un televisor o de una radio, el sonido es más fuerte. Cuando bajas el volumen, el sonido es más suave.

Andy Caulfield/Getty Images

Escuchas el sonido cuando tu tímpano vibra. La vibración llega a otras partes de tu oído. Las vibraciones de sonidos fuertes pueden dañar estas partes. Pueden romper o doblar. Es posible que ciertas partes del oído no se mejoren. Quizás no vuelvas a oír bien.

¿Cuánto tardan los sonidos fuertes en quitar la audición? No se sabe. Algunos estudiantes de escuela secundaria ya no oyen bien.

▲ Esta niña usa audífonos para escuchar la música con seguridad.

## ¿Cuánto es muy fuerte?

El sonido se mide en decibeles. La tabla muestra la medida de diferentes sonidos. Los sonidos de más de 85 decibeles pueden dañar tu audición.

| Sonido | Decibeles |
|---|---|
| hojas que se mueven en un árbol | 0 |
| charla normal | 50–60 |
| alarma de reloj | 80 |
| sierra de cadena | 115 |
| volumen máximo de un reproductor de música | 115 |

# Cuadro de escritura: Problema y solución

Usa el siguiente cuadro de escritura para resumir oralmente "Bajen el volumen".

Las partes del oído se pueden romper o doblar. Este **problema** puede ocurrir cuando _____
_____.

La **solución** es _____.

Los audífonos pueden ser un **problema** si _____
_____.

¿Cuál es la **solución?** _____.

No se sabe con seguridad _____
_____.

Pero algunos estudiantes de escuela secundaria ya tienen un **problema.** Ellos _____.

Usa el cuadro para escribir el resumen en otra hoja. Asegúrate de incluir las palabras **resaltadas.** Guarda esto como un modelo de esta Estructura del texto.

# Pensamiento crítico

1  Cuando algo se mueve hacia atrás y hacia adelante, _____.

   A. susurra

   B. sube el volumen

   C. vibra

2  Busca la oración en "¿Qué es el sonido?" que indique lo que ocurre cuando pulsas una cuerda.

3  Busca la oración que describe el tono.

4  ¿Qué ocurre primero, después y al final en el diagrama de la página 30?

Un diagrama es un dibujo o un plano. Explica las partes de algo o cómo funciona.

## Aprendizaje digital

Para obtener una lista de enlaces y actividades sobre este tema, visita la página de **Tesoros de lectura** en www.macmillanmh.com.

# Rasgos de los padres

Los animales tienen bebés. Los bebés se parecen a y actúan como sus padres. Ocurre lo mismo con las plantas. Los animales y plantas se parecen a y actúan como sus padres de muchas maneras. Las maneras en que se parecen o actúan se llaman **rasgo**.

semilla

girasol

▲ La semilla de girasol crece y se convierte en otro girasol.

**36**

Muchas de las características que los animales y las plantas obtienen de sus padres ayudan a esos animales y plantas a vivir en su medio ambiente. Entre estas características, o rasgos, están el color, las partes del cuerpo y a veces la manera en que la planta o el animal actúa. Por ejemplo, algunos animales tienen alas y pueden volar para escaparse del peligro. Algunos cactus que viven en el desierto seco tienen raíces que no crecen profundo. Cuando llueve, esas raíces absorben el agua como si fueran esponjas.

roble

▲ El caparazón protege a la tortuga.

bellota

▲ Una bellota crece
y se convierte en un roble.

# Sigue a la manada

Lewis es un elefante salvaje. Vive en la Reserva Nacional Samburu, en Kenia, África. Lewis pasa sus días comiendo, deambulando y acompañando a su familia.

Los elefantes africanos están en peligro de extinción. Eso quiere decir que en algunos lugares hay muy pocos elefantes. Para protegerlos existen reservas naturales como Samburu.

Proteger a los animales puede ser difícil. Los elefantes comen entre 220 y 440 libras de plantas por día. Es difícil hallar espacios con comida suficiente. Samburu tiene sólo 64 millas cuadradas.

◀ Las cebras comparten Samburu con los elefantes.

Los elefantes deben compartir ese espacio con muchos otros animales. A veces, los elefantes deambulan por zonas que no son seguras.

## Reunir pistas

La fundación Save the Elephants trabaja para salvar a los elefantes. Los científicos querían hallar qué los provocaba a deambular.

Save the Elephants puso unos collares especiales en el cuello de algunos elefantes. El collar vigila a los elefantes.

Los científicos descubrieron que Lewis solía salir de la reserva en la temporada seca. Salía a buscar comida. Ahora los científicos le dan comida durante la temporada seca.

— *Andrea Dellbanco*

Claire Cerling

▲ **¡Los collares para elefantes son enormes!**

**39**

# Cuadro de escritura: Comparar y contrastar

**Usa el siguiente cuadro de escritura para resumir oralmente "Rasgos de los padres".**

Los animales **y** las plantas tienen _____
_____

Los girasoles y los robles son plantas **diferentes** pero ambos tienen rasgos. Las semillas de girasol se convierten en _____. Las bellotas crecen y se convierten en
_____.

Los girasoles son como los robles en que _____
_____.

Algunos animales **se parecen** porque tienen _____
_____.

Algunas plantas **se parecen** porque tienen _____
_____.

Por lo tanto, **ambos** tienen rasgos que _____
_____.

Usa el cuadro para escribir el resumen en otra hoja. Asegúrate de incluir las palabras **resaltadas.** Guarda esto como un modelo de esta Estructura del texto.

# Pensamiento crítico

**1** La manera en que una planta o un animal actúa como sus padres se llama _____ .

    **A.** rasgo

    **B.** color

    **C.** árbol

**2** Observa las fotografías y los rótulos en las paginas 36 y 37. Compara y contrasta el girasol y el roble.

**3** Vuelve a "Sigue a la manada". Lee en voz alta el texto que dice lo que hacía Lewis durante la temporada seca.

**4** ¿Qué leyenda de la página 37 dice algo sobre una tortuga? Comenta con un compañero cómo el caparazón le ayuda a la tortuga. compañero.

> Una leyenda es un título o una explicación de una fotografía.

## Aprendizaje digital

Para obtener una lista de enlaces y actividades sobre este tema, visita la página de **Tesoros de lectura** en www.macmillanmh.com.

# La vida de una mariposa

Las mariposas ponen huevos en las hojas y en las ramas. Algunas mariposas ponen muchos huevos en el mismo lugar. Otras mariposas ponen cada huevo en un lugar diferente. Pero después de diez días, una oruga sale de cada huevo. La oruga come hojas y crece.

**huevo de mariposa**

**oruga**

# La vida de una rana

**huevos de rana**

**renacuajo**

Todas las primaveras, la rana macho llama a su compañera. Cuando la encuentra, la rana hembra deja sus huevos en el agua. Éstos parecen bolas de gelatina con puntos negros.

De estos huevos salen renacuajos. Ellos usan su cola para nadar. Comen plantas y crecen.

Después de tres semanas, la oruga forma una cobertura dura alrededor de su cuerpo. Esto se llama **ninfa**. Dentro de la ninfa, la oruga se convierte en mariposa. Cuando la mariposa termina de crecer, sale arrastrándose de la ninfa.

**ninfa**          **mariposa joven**          **mariposa adulta**

**renacuajo joven**

Después de un tiempo, a los renacuajos les crecen patas. Su cola se encoge. El renacuajo joven empieza a acercarse a la tierra.

**rana adulta**

Al final, la rana joven salta fuera del agua. Ya no tiene cola. Es una rana adulta.

# Monarcas en marcha

## Las mariposas monarca comen, crecen y vuelan a otro lugar.

¿Alguna vez viste mariposas como éstas moviéndose agitadamente en el aire? Cada agosto, millones de mariposas monarca inician un largo viaje. Vuelan desde el frío norte para pasar el invierno en el cálido sur. Algunas vuelan 2,000 millas. ¡Una monarca puede volar hasta 100 millas por día!

Las monarcas pasan el invierno durmiendo. Grupos enormes cuelgan de los árboles en lugares cálidos como México. En la primavera, regresan al norte. Al llegar a su destino, las hembras ponen huevos. Al final del verano, las mariposas que salen de esos huevos vuelan al sur.

# De huevo a oruga, y luego a mariposa

Michael Hood/Alamy

Don Johnston/Alamy

Cuando el huevo de una mariposa monarca se abre, sale una oruga. Su tarea es comer y crecer. Cuando crece luce muy diferente.

¡La oruga se convierte en una hermosa mariposa!

Bob Sciarrino/Star Ledger/Corbis

Danny Lehman/CORBIS

Ya es tiempo de volar. Las monarcas tienen alas muy fuertes. Pueden volar horas sin detenerse. Tienen un largo viaje por delante.

Ahora es tiempo de descansar. El largo viaje terminó. Estas monarcas descansarán en México todo el invierno.

# Cuadro de escritura: Orden de los sucesos

Usa el siguiente cuadro de escritura para resumir oralmente "La vida de una rana".

Todas las primaveras, cada rana macho busca una rana hembra.

**Cuando** la encuentra, _____

**Luego** salen los renacuajos. **Entonces** ellos _____
_____ .

**Después** de un tiempo, a los renacuajos _____
_____ .

**Al final,** _____
_____ .

Usa el cuadro para escribir el resumen en otra hoja. Usa este modelo para escribir otros resumen de "La vida de una mariposa". Asegúrate de incluir las palabras **resaltadas.** Guarda esto como un modelo de esta Estructura del texto.

# Pensamiento crítico

1. La cobertura dura que se forma alrededor de la oruga se llama _____ .

   **A.** renacuajo

   **B.** ninfa

   **C.** mariposa

2. Busca el texto en "Monarcas en marcha" que dice qué ocurre después de que un huevo de mariposa se abre.

3. Lee en voz alta el texto en este artículo que dice qué ocurre cuando la oruga se convierte en mariposa.

4. Usa el diagrama de las páginas 42 y 43 para comentar con un compañero cómo crece y cambia una mariposa.

   > Un diagrama es un dibujo o un plano. Explica las partes de algo o cómo funciona.

## Aprendizaje digital

Para obtener una lista de enlaces y actividades sobre este tema, visita la página de **Tesoros de lectura** en www.macmillanmh.com.

# El ciclo de vida de los osos pardos

En enero o febrero, una osa parda puede tener de uno a cinco bebés. Para la primavera, los oseznos ya pesan unas diez libras cada uno. Los oseznos pueden explorar el medio ambiente con su madre. Aprenden a conseguir comida y a sobrevivir.

Cuando los oseznos tienen un año dejan a su madre.

Los osos tienen sus cachorros, u oseznos, a los tres o cuatro años de edad. Los osos viven entre doce y quince años.

▲ Éstos son oseznos pequeños.

▲ Este oso pardo es adulto.

▲ Algunos osos pardos de Alaska tienen pelo claro que los ayuda a esconderse en la nieve.

## ¿Qué es una población?

Una **población** es un grupo del mismo tipo de animal. Los animales viven cerca unos de otros. Por ejemplo, los osos pardos que viven en el Parque Nacional Yosemite forman una población. Los osos pardos que viven en Alaska forman otra población. Esos osos comparten rasgos. Todos tienen pelo, cuatro patas y garras.

Las poblaciones de animales viven pueden ser diferentes unas de otras porque viven en diferentes lugares. Por ejemplo, algunas poblaciones de osos pardos tienen piel clara. Esa piel los ayuda a esconderse en la nieve.

# Al cuidado de papá

**Los mandriles papá cuidan a sus bebés.**

Algunos mandriles papá ayudan a las mandriles mamá a cuidar a sus bebés. Los mandriles macho pueden decir cuáles bebés son suyos.

Los mandriles macho pueden ser feroces luchadores. "Pero pueden ser cariñosos con los pequeños", dice Joan Silk, una científica. Los papás protegen a sus bebés.

Los científicos creen que los mandriles papá reconocen a sus bebés por la vista y el olfato. "¡Los mandriles son más listos de lo que uno creía!", dice Silk. — *Elizabeth Winchester*

Courtesy Dr. Joan Silk

**Un mandril papá protege a su bebé.**

# Animales papá

Éstos son otros ejemplos de animales papá que cuidan a sus hijos.

**Rana de Darwin** Esta rana papá transporta hasta 15 huevos dentro de su garganta. Primero, los huevos se abren. Luego los renacuajos se convierten en ranas y saltan fuera.

**Pingüino emperador** El pingüino papá balancea en sus patas el huevo que puso la mamá. Protege el huevo del frío por nueve semanas.

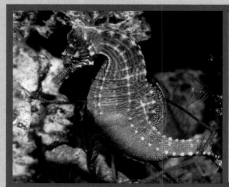

**Hipocampo** El hipocampo macho transporta los huevos hasta que se abren. Cuando los bebés son grandes, se van nadando.

# Cuadro de escritura: Descripción

**Usa el siguiente cuadro de escritura para resumir oralmente "¿Qué es una población?".**

Una población es un grupo del mismo tipo de animales que suelen vivir cerca unos de otros. **Por ejemplo,** _____

_____.

Todos los osos pardos comparten _____.

**Por ejemplo,** _____.

Sin embargo, las poblaciones de animales pueden diferenciarse unas de otras. **Por ejemplo,** _____

_____.

Usa el cuadro para escribir el resumen en otra hoja. Asegúrate de incluir las palabras **resaltadas.** Guarda esto como un modelo de esta Estructura del texto.

# Pensamiento crítico

**1** Un grupo del mismo tipo de animales que viven cerca unos de otros se llama una _____.

    **A.** oso

    **B.** parque nacional

    **C.** población

**2** Señala el texto en "Al cuidado de papá" que dice cómo pueden reconocer a sus bebés los mandriles papá.

**3** ¿Qué oración en "El ciclo de vida de los osos pardos" dice cuánto pesa un osezno para la primavera?

> Una leyenda es un título o una explicación de una fotografía.

**4** Lee en voz alta la leyenda que describe un oso adulto.

## Aprendizaje digital

Para obtener una lista de enlaces y actividades sobre este tema, visita la página de **Tesoros de lectura** en www.macmillanmh.com.

# Cómo cambian las plantas para obtener lo que necesitan

Las plantas necesitan luz para crecer. Las partes de una planta se inclinan o mueven para obtener más luz.

Muchas plantas también necesitan tierra para crecer. Toman alimento y agua de la tierra.

▲ Esta planta se inclina hacia la luz.

Algunas flores se inclinan hacia el sol. ▼

Las plantas empiezan siendo semillas. Cuando una semilla **germina**, empieza a crecer. Las raíces crecen hacia la tierra para obtener lo que la planta necesita. La gravedad atrae las raíces. La gravedad es una fuerza que atrae cosas hacia el centro de la Tierra.

ramas

tronco

▲ El viento es muy fuerte. Las ramas crecen detrás del tronco.

Algunas plantas cambian para estar a salvo cuando el medio ambiente cambia. En la costa, el viento puede ser muy fuerte. Puede doblar las ramas de los árboles. Las ramas crecen detrás del tronco. De esa forma, el tronco protege las ramas del viento.

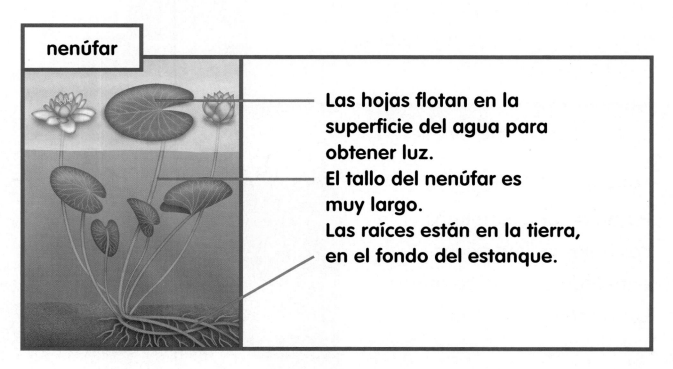

nenúfar

Las hojas flotan en la superficie del agua para obtener luz.
El tallo del nenúfar es muy largo.
Las raíces están en la tierra, en el fondo del estanque.

# De semilla a fruta

**Estos pasos muestran cómo crece una calabaza.**

## Semillas
Las semillas se ponen en la tierra. El Sol ayuda a las calabazas a crecer.

semillas

IT Stock Free/Jupiter Images

## Brotes
De la tierra salen pequeños brotes. El agua y la luz solar los ayuda a crecer.

brotes

Shmuel Thaler/Index Stock

## Hojas y flores
Pasan algunas semanas. Las hojas crecen en las enredaderas de la calabaza. Luego salen las flores.

enredadera

Ingram Publishing/SuperStock

## Calabazas verdes

Las calabas crecen en las enredaderas. Una calabaza es una fruta. Al principio son pequeñas. Se mantienen verdes durante meses. Eso quiere decir que no están maduras.

AP Photo/Port Huron Times Herald, J. Douglas Brooks

## Calabazas anaranjadas

Las frutas toman agua. El Sol les da luz y calor. Pronto se ponen grandes y anaranjadas. ¡Ya están maduras!

RVN/Alamy

## Los **estados con la mayor cantidad de calabazas**

El año pasado, estos estados fueron los que más calabazas cultivaron.

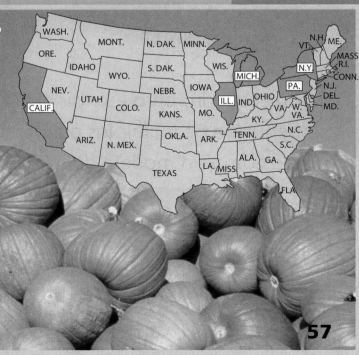

1. **Illinois,** 299 millones de libras
2. **California,** 150 millones
3. **Pennsylvania,** 117 millones
4. **Nueva York,** 107 millones
5. **Michigan,** 60 millones

Andy Caulfield/Getty Images

# Cuadro de escritura: Causa y efecto

**Usa el cuadro de escritura para resumir oralmente "Cómo cambian las plantas para obtener lo que necesitan".**

Hay muchas cosas que pueden afectar el crecimiento y desarrollo de las plantas.

Las plantas necesitan _____.

**Para** obtener puede ser que las plantas _____ _____.

Muchas plantas también necesitan _____
**porque** _____.

**Cuando** el medio ambiente cambia, el **efecto** es que _____ _____.

Esto puede **afectar** _____.

Usa el cuadro para escribir el resumen en otra hoja. Asegúrate de incluir las palabras **resaltadas.** Guarda esto como un modelo de esta Estructura del texto.

# Pensamiento crítico

1. Cuando una semilla germina, empieza a _____.

   **A.** ponerse verde

   **B.** crecer

   **C.** morir

2. Halla el texto en "De semilla a fruta" que diga qué ayuda a las calabazas a crecer.

3. Señala el texto en "De semilla a fruta" que describe qué crece primero en las enredaderas de las calabazas.

4. Comenta el diagrama de la página 55 con un compañero. ¿Por qué crees que el tallo del nenúfar es largo?

Un diagrama es un dibujo o un plan que explica las partes de algo o cómo funciona.

## Aprendizaje digital

Para obtener una lista de enlaces y actividades sobre este tema, visita la página de **Tesoros de lectura** en www.macmillanmh.com.

# ¿Qué hacen las flores, las frutas y las semillas?

Muchas plantas dan flores. Las flores tienen diferentes colores, formas y tamaños. Aunque sean diferentes, todas las flores producen semillas. Algunas plantas que dan flores también producen **fruta**. La mayoría de las veces, la semilla o semillas crecen dentro de la fruta. La fruta mantiene a salvo las semillas y las ayuda a crecer. Algunas frutas, como las fresas, tienen las semillas fuera. Otras frutas, como las manzanas y los arándanos azules, tienen las semillas adentro.

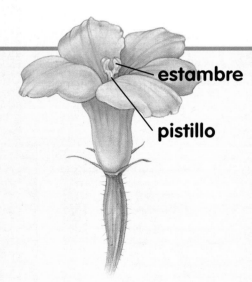

estambre

pistillo

El polen pasa del estambre al pistilo. Luego, la flor empieza a cambiar.

La flor sigue creciendo y los pétalos se abren. Se convierte en fruta.

La fruta protege la semilla que está adentro.

Las flores tienen partes especiales para que puedan hacer nuevas plantas. El **estambre** de la flor hace polen, un polvo pegajoso. El **pistilo** toma el **polen** y hace semillas. Las semillas crecen y se convierten en plantas nuevas.

A veces las aves y abejas llevan el polen del estambre al pistilo. Pero el viento y el agua también pueden mover el polen. Cuando el polen cae en el pistilo, la flor empieza a perder sus pétalos. La flor empieza a convertirse en una fruta con semillas.

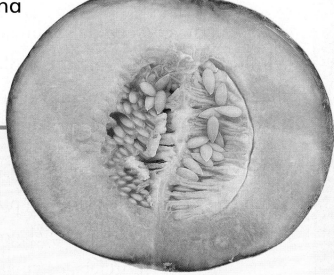

Las semillas que están dentro de la fruta pueden crecer y transformarse en plantas nuevas.

Cuando la fruta madura, cae al suelo.

# Abejas, murciélagos, osos y bisontes

Lazenby, David/Animals Animals

**L**a abeja zumba. El murciélago vuela por la noche. El oso camina por el bosque. El bisonte pasta. Estos animales son muy diferentes, pero tienen algo en común. Son parte del proceso de crecimiento de las plantas.

## Las semillas empiezan siendo polen

Las plantas crecen de semillas. Las semillas vienen del polen. El polen y las semillas se forman en las flores de la planta.

Para formar semillas, el polen se mueve de una parte de la planta a otra. También se mueve de planta en planta. ¿Cómo llega de un lugar a otro? A veces las abejas y los murciélagos lo transportan. Las abejas y los murciélagos vuelan hasta las flores para conseguir alimento. Van de flor en flor. En el camino tocan polen. El polen queda pegado en sus cuerpos. Cuando pasan a otra flor, el polen se desprende. Así, la planta puede formar semillas.

Martin Rugner/age fotostock/SuperStock

## Las plantas crecen de semillas

Una semilla necesita tierra para crecer. ¿Cómo pasa una semilla de la planta a la tierra? A veces, los murciélagos, osos y bisontes ayudan a que esto ocurra.

Un oso halla arándanos. Un murciélago que come fruta llega a un banano. Un bisonte mastica pasto. Cuando estos animales comen fruta y pasto, también comen semillas. Las semillas salen con los excrementos del animal y se convierten en plantas.

A veces las semillas se pegan al pelo de los osos y bisontes. Cuando estos animales se acuestan, las semillas se despegan y caen al suelo. Y allí puede crecer una nueva planta.

Las plantas crecen de semillas. Las flores crecen de las plantas y hacen polen. El polen hace semillas. Los osos, abejas, murciélagos y bisontes hambrientos van en busca de comida. ¡Y todo empieza de nuevo! — *Susan Moger*

Westend 61/Alamy

First Light/Getty Images

# Cuadro de escritura: Comparar y contrastar

**Usa el siguiente cuadro de escritura para resumir oralmente "¿Qué hacen las flores, las frutas y las semillas?".**

Muchas plantas tienen flores, **pero** _____
_____ .

Aunque las flores son **diferentes, se parecen** en que _____
_____ .

Algunas flores **también** producen fruta. La mayoría de las veces, la fruta _____ .

**Esto es cierto** en cuanto a _____
_____ .

**Sin embargo,** algunas frutas, como las fresas, _____
_____ .

Usa el cuadro para escribir el resumen en otra hoja. Asegúrate de incluir las palabras **resaltadas.** Guarda esto como un modelo de esta Estructura del texto.

# Pensamiento crítico

1 El polen es producido por _____ de una flor.

    **A.** la fresa

    **B.** el estambre

    **C.** el melón

2 ¿Qué parte del texto de "Abejas, murciélagos, osos y bisontes" explica cómo ayudan los animales a las plantas?

3 Señala el texto de este artículo que habla sobre cómo pasa una semilla de la planta al suelo.

Un diagrama es un dibujo o un plano. Explica las partes de algo o cómo funciona.

4 Usa el diagrama de las páginas 60 y 61 para hablar sobre cómo crece la flor y cómo se convierte en melón.

## Aprendizaje digital

Para obtener una lista de enlaces y actividades sobre este tema, visita la página de **Tesoros de lectura** en www.macmillanmh.com.

# ¿De qué están hechas las rocas?

Todas las rocas están hechas de **minerales**. Algunas rocas están formadas por sólo un mineral. Otras rocas están formadas por muchos minerales.

Observa el trozo de granito. Está formado por tres minerales. Las partes blancas son feldespato. Las partes grises son cuarzo. Las partes negras son mica.

▲ El berilo está formado por sólo un mineral.

## Minerales en el granito

cuarzo

feldespato

mica

Usamos los minerales todos los días. Tu lápiz está hecho de un mineral llamado grafito. Las plantas usan los minerales de la tierra para poder crecer. Nuestro cuerpo también necesita minerales. Obtenemos minerales de lo que comemos.

▼ **fluorita**

▲ Algunas pastas dentales tienen flúor, el cual está hecho con el mineral fluorita.

# MATERIAL MONUMENTAL

Algunos monumentos están hechos por personas. Otros son parte de la naturaleza. Ésta es la historia de tres monumentos famosos. — *Susan Moger*

## El Monte Rushmore

El monte Rushmore está en Dakota del Sur. Un grupo de personas talló este monumento en honor a cuatro presidentes de Estados Unidos. Sus caras están talladas en una roca de granito.

El granito es muy duro. Se desgasta muy lentamente. Este monumento va a durar por mucho tiempo.

Digital Vision/Getty Images

## El Monumento a Lincoln

El monumento a Lincoln es en honor al presidente Abraham Lincoln. Se talló en mármol blanco. El mármol es muy duro. Es liso y brillante.

Otras partes del monumento están hechas de piedra caliza y de granito.

BananaStock/Punchstock

## El Gran Cañón

El Gran Cañón es un monumento natural. Fue tallado en roca por el río Colorado. Empezó a formarse hace 6 millones de años, y el río aún lo sigue tallando.

El cañón tiene muchos tipos de roca. El río y el viento desgastan estas rocas de diferentes maneras.

Jen Judge/Getty Images

**69**

# Cuadro de escritura: Comparar y contrastar

**Usa el siguiente cuadro de escritura para resumir oralmente "¿De qué están hechas las rocas?".**

Algunas rocas están hechas de un mineral, **pero** _____
_____.

**Tanto** el berilo **como** el granito son _____,

pero el berilo _____.

**Por otro lado,** el granito _____.

La gente usa los minerales todos los días. Algunas personas
_____.

Otras personas _____
_____.

**Tanto** las plantas **como** las personas utilizan minerales

para _____.

Usa el cuadro para escribir el resumen en otra hoja.
Asegúrate de incluir las palabras **resaltadas.** Guarda
esto como un modelo de esta Estructura del texto.

# Pensamiento crítico

1 Todas las rocas están formadas por _____.

   **A.** minerales

   **B.** lápices

   **C.** berilo

2 Lee en voz alta el nombre del monumento mencionado en "Material monumental", el cual honra a cuatro presidentes.

3 Señala el texto que describe la estatua de Abraham Lincoln.

Un diagrama es un dibujo o plan que explica las partes de algo o cómo funciona.

4 ¿Qué minerales hay en el granito? Usa el diagrama de la página 66 para hablar de esto con un compañero.

## Aprendizaje digital

Para obtener una lista de enlaces y actividades sobre este tema, visita la página de **Tesoros de lectura** en www.macmillanmh.com.

# ¿Cómo cambian las rocas?

Las rocas pueden cambiar de tamaño y forma. El viento y el agua pueden cambiar las rocas. Esto se llama **erosión**. El agua se mete en las grietas de las rocas. El agua se congela. Las grietas se agrandan y las rocas se rompen. A veces las rocas se deslizan por una colina. Las rocas se rompen.

▼ El viento y la arena desgastaron esta roca y formaron un hueco en el centro de esta roca.

Los terremotos también pueden cambiar las rocas. Cuando la Tierra se mueve, las rocas se frotan unas contra otras. Se pueden romper en rocas más pequeñas.

Las plantas también pueden romper las rocas. Las plantas pueden crecer en la tierra que queda dentro de las grietas de las rocas. A veces las raíces son fuertes y hacen que las rocas se rompan.

Las raíces de este árbol crecieron dentro de la roca y por tanto la rompieron. ▶

# La vida secreta de las rocas

Las rocas ígneas empiezan siendo magma en la Tierra.

## Una roca no es sólo una roca.

Todas las rocas tienen un comienzo. Algunas se forman con una explosión de fuego. Otras están formadas por millones de esqueletos de animales. Otras pasan de ser un tipo de roca a otro.

## La historia de una roca

Cada roca tiene su historia. El granito es una roca muy dura. Ésta es la historia del granito.

El granito es una roca ígnea. Ígneo significa "de fuego". Por tanto, el primer capítulo de la historia del granito comienza con el magma. El magma es roca fundida en lo más profundo de la Tierra. A veces el magma sube hacia la superficie de la Tierra.

El magma se enfría al subir. ¡Se convierte en roca sólida bajo la superficie! Esa roca es granito. Aún está cubierta de corteza terrestre.

Al desgastarse la corteza terrestre, sale el granito. La roca se desgasta. El viento y el hielo romper la roca en pedazos.

### ¿Es éste el final?

Las rocas se hacen cada vez más pequeñas. Algunas terminan siendo granos de arena. Pero los granos de arena pueden juntarse y ser comprimidos. Se convierten en roca sedimentaria.

## Este planeta es una roca

La Tierra es el planeta rocoso más grande que conocemos. Marte también es rocoso pero es más pequeño. La Tierra tiene una corteza rocosa delgada.

Michael Szoenyi/Photo Researchers

# Cuadro de escritura: Causa y efecto

Usa el siguiente cuadro de escritura para resumir oralmente "¿Cómo cambian las rocas?".

**A veces** el agua se mete en las grietas de las rocas. **Entonces**
_____.

Esto **causa** _____.

**Cuando** las rocas de deslizan por una colina pueden
_____.

Los terremotos pueden **causar** que las rocas cambien
**porque** _____
_____.

Las plantas pueden crecer en la tierra que hay dentro de las grietas de las rocas. **Como resultado,** _____
_____.

Usa el cuadro para escribir el resumen en otra hoja. Asegúrate de incluir las palabras **resaltadas.** Guarda esto como un modelo de esta Estructura del texto.

# Pensamiento crítico

1  La manera en que el agua y el viento cambian las rocas se llama _____ .

    **A.** arena

    **B.** erosión

    **C.** agua

2  Vuelve al texto de la página 74. Busca la oración que dice lo que significa roca *ígnea.*

3  Con tu dedo, traza el texto bajo "La vida secreta de las rocas" que dice cómo el viento y el hielo cambian a las rocas.

4  Una leyenda de la página 72 ó 73 describe cómo los vientos y la arena pueden cambiar a una roca. Pídele a un compañero que señale la foto que va con esta leyenda.

> Una leyenda es un título o una explicación de una fotografía.

## Aprendizaje digital

Para obtener una lista de enlaces y actividades sobre este tema, visita la página de **Tesoros de lectura** en www.macmillanmh.com.

# ¿Qué es el suelo?

El **suelo** está formado por rocas pequeñas y trozos de plantas y animales. Las rocas se rompen y también pasan a formar parte del suelo. Las plantas y los animales mueren y se descomponen. También pasan a formar parte del suelo.

La mayoría de las plantas crecen en el suelo. Toman minerales de él. Cuando la gente y los animales comen plantas, obtienen los minerales que necesitan.

▼ El suelo arenoso es amarillento. Este tipo de suelo no retiene mucha agua.

Hay muchos tipos de suelo. Algunos suelos son rojos, otros son marrones o negros. Los minerales de los suelos les dan su color.

◀ El suelo de arcilla es rojo. Contiene hierro.

◀ La capa superior del suelo es marrón oscuro o negro. Contiene trozos de animales y plantas muertos.

# Un jardín marciano

## ¿Pueden crecer los vegetales de la Tierra en suelo marciano?

**M**ichael Mautner es científico y jardinero. Quería saber si se podían cultivar vegetales en la Tierra en tierra traída de Marte.

### Rocas marcianas en la Tierra

Mautner preparó el suelo con rocas marcianas que ya había aquí. Las rocas de Marte cayeron a la Tierra. En el desierto de Sahara se halló una roca marciana. En la Antártida se halló otra.

G. Brad Lewis/Getty Images

▲ ¿Podrían crecer vegetales de la Tierra en suelo marciano?

▼ Una roca de Marte

AFP/Newscom

## El suelo marciano

Mautner tomó porciones de rocas marcianas. Dentro de ellas encontró químicos fertilizantes. Los fertilizantes ayudan a las plantas a crecer. Mautner hizo el suelo con estos químicos fertilizantes.

Mautner mezcló el suelo marciano con agua y puso trozos de espárragos y papas en la mezcla. En pocas semanas las plantas crecieron dos pulgadas de altura. Eran saludables. Hizo crecer otras plantas en agua mezclada con otras rocas molidas. Estas plantas eran más pequeñas. No eran tan saludables como las del suelo marciano.

Mautner dice: "En el futuro, la gente que empiece una colonia en Marte podrán usar su suelo para cultivar plantas". — *Susan Moger*

Courtesy Michael Mautner

▲ Una planta de espárrago pequeña brota en suelo marciano mezclado con agua.

Skip Jeffery

▲ ¡La planta de espárrago sigue creciendo!

Phil Marden

# Cuadro de escritura: Causa y efecto

**Usa el siguiente cuadro de escritura para resumir oralmente "¿Qué es el suelo?".**

**Cuando** las rocas se deshacen en trozos pequeños, éstas

_____.

**Cuando** las plantas y animales mueren y se descomponen, **entonces** _____

_____.

La mayoría de las plantas obtienen minerales del suelo. **Por lo tanto** _____

_____.

**Debido a que** los minerales del suelo le dan su color a la tierra, _____.

Usa el cuadro para escribir el resumen en otra hoja. Asegúrate de incluir las palabras **resaltadas.** Guarda esto como un modelo de esta Estructura del texto.

# Pensamiento crítico

1 Las rocas pequeñas y los trozos de plantas y animales forman _____.

    **A.** arena

    **B.** suelos

    **C.** minerales

2 Busca el texto en "Un jardín marciano" que diga cómo Michael Mautner consiguió suelo de Marte.

3 Señala la oración en "Un jardín marciano" que dice lo que Mautner descubrió en las rocas marcianas.

4 Comenta con un compañero las leyendas de las páginas 78 y 79. Describan cada tipo de suelo.

Una leyenda es un título o una explicación de una fotografía.

## Aprendizaje digital

Para obtener una lista de enlaces y actividades sobre este tema, visita la página de **Tesoros de lectura** en www.macmillanmh.com.

# ¿Qué son los fósiles?

Un **fósil** es lo que queda de un organismo vivo del pasado. Los científicos hallan fósiles de plantas y animales en rocas, hielo, alquitrán y ámbar. El ámbar es un líquido pegajoso de los árboles que se endurece. Los científicos estudian los fósiles para apender más sobre el pasado.

▲ **Éste es un fósil de un insecto que quedó atrapado en ámbar.**

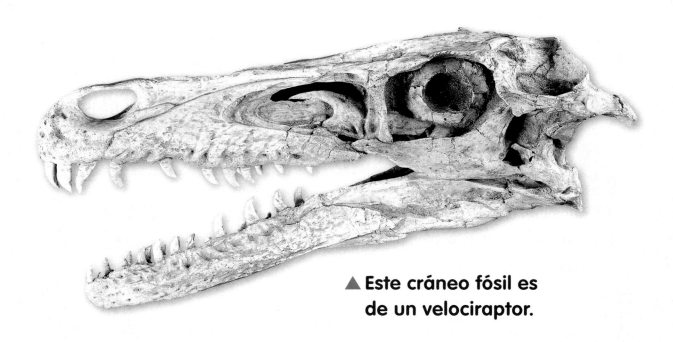

▲ **Este cráneo fósil es de un velociraptor.**

**Éste es un fósil de un pez.**

Los fósiles dan pistas sobre la historia de la Tierra. Por ejemplo, al estudiar los fósiles, los científicos han aprendido que hace millones de años el tiempo era diferente. En la Antártida hallaron fósiles de plantas que hoy sólo crecen en lugares cálidos. Por lo tanto, los científicos piensan que el tiempo en la Antártida era cálido.

# Hallado: Un bosque pluvial en Illinois

Los bosques pluviales se encuentran en los lugares húmedos y calientes del mundo. La mayoría de estos bosques están cerca del ecuador.

Illinois es uno de los estados centrales de Estados Unidos. No está cerca del ecuador. Pero hace 300 millones de años, allí crecía un bosque tropical. ¿Cómo lo sabemos? Los científicos hallaron fósiles de árboles y plantas. Habían formado parte de un bosque pluvial.

Illinois

Ecuador

Element

Digital Vision

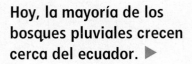

Hoy, la mayoría de los bosques pluviales crecen cerca del ecuador. ▶

## Un bosque de fósiles

Un fósil son los restos de algo que vivió hace mucho tiempo. Las plantas del bosque pluvial de Illinois quedaron enterradas en lodo hace 300 millones de años. Ese lodo se hizo roca. Las plantas se convirtieron en fósiles.

John Nelson, un científico, fue la primera persona en hallar los fósiles. Luego los científicos hallaron un bosque entero. Hay fósiles de helechos que tenían 12 pies de altura.

AP Photo/The Illinois State Geological Survey

**Este fósil de una planta de un bosque pluvial fue hallado cerca de una mina de carbón en Illinois.**

## ¿Cómo era el bosque pluvial?

Las plantas del bosque pluvial de Illinois eran más grandes que las plantas de hoy. El bosque pluvial era caliente y húmedo todo el tiempo.

Los fósiles nos muestran cómo eran las plantas del bosque pluvial en el pasado. — *Susan Moger*

# Cuadro de escritura: Descripción

**Usa el siguiente cuadro de escritura para resumir oralmente "¿Qué son los fósiles?".**

Los científicos han hallado muchos fósiles de _____

_____.

Los científicos encuentran fósiles en lugares **como** _____

_____.

Los fósiles dan pistas sobre la historia de la Tierra. **Por ejemplo,** en Antártida, los científicos _____

_____.

Estas plantas _____

_____.

Eso les dice a los científicos que _____

_____.

Usa el cuadro para escribir el resumen en otra hoja.
Asegúrate de incluir las palabras **resaltadas.** Guarda
esto como un modelo de esta Estructura del texto.

# Pensamiento crítico

**1** Lo que queda de un organismos vivo del pasado se llama _____.

    **A.** fósil

    **B.** pez

    **C.** ámbar

**2** Señala la oración en "Un bosque pluvial en Illinois" que dice dónde se encuentran los bosques pluviales.

**3** Con un compañero, comenta lo que dice el artículo sobre las pistas que los fósiles nos dan.

**4** Descríbele a un compañero la fotografía del velociraptor fósil de la página 84.

Una fotografía es una imagen tomada con una cámara.

## Aprendizaje digital

Para obtener una lista de enlaces y actividades sobre este tema, visita la página de Tesoros de lectura en www.macmillanmh.com.

# Cómo usamos los recursos naturales

Un **recurso natural** es un producto de la Tierra que la gente usa. Rocas, minerales, plantas, tierra y agua son recursos naturales. Estos recursos naturales se usan para hacer muchas cosas. Fabricamos ropa utilizando el algodón de una planta. Fabricamos escritorios utilizando madera.

**La goma de borrar está hecha con la savia de un árbol del caucho.**

**La parte amarilla de este lápiz está hecha de la madera de un árbol.**

**La parte gris está hecha con grafito, un mineral.**

La gente usa las rocas para construir casas. El concreto se hace mezclando rocas, arena y agua. Construímos edificios y aceras de concreto. Comemos sal, que es un mineral.

El agua es un recurso natural. Bebemos, cocinamos y limpiamos con agua. Utilizamos agua en movimiento para hacer energía eléctrica. La electricidad nos da luz y provee calor a las casas.

▲ **La sal es un mineral que comemos.**

▼ **El agua que se mueve sobre esta represa. Tiene mucha fuerza. Esa fuerza se usa para producir la electricidad.**

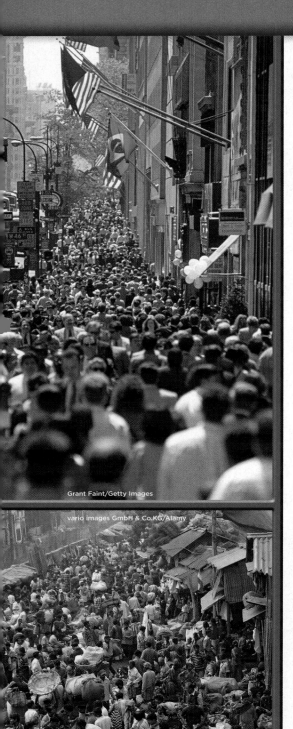

Grant Faint/Getty Images

vario images GmbH & Co.KG/Alamy

# ¡Gente por todos lados!

## Muchas personas tienen que compartir los recursos de la Tierra.

Cada minuto nacen 184 personas en la Tierra. Cada año hay 97 millones más de personas en la Tierra. En 2007, el número total de personas en la Tierra fue de seis mil millones y medio.

## Los recursos de la Tierra

La gente necesita recursos naturales como el agua. La Tierra tiene recursos limitados. La mayor parte del planeta está cubierta de agua. Pero se puede usar muy, muy poca del agua para beber. Una de cada 13 personas de todo el mundo no tiene suficiente agua pura.

La alimentación es otro problema. Una de cada 7 personas del mundo no come lo suficiente. ¿Por qué? Las ciudades crecen. Hay menos terreno para cultivar. Hay menos lugar para cultivar comida.

Cada persona usa los recursos de la Tierra. Debemos aprender cómo conservar los recursos.

## Conservemos los recursos de la Tierra

¿Podemos todos compartir y conservar los recursos de la Tierra? Bill Ryan, de las Naciones Unidas, piensa que sí. Él cree que los jóvenes cambiarán el mundo.

Stockbyte/Getty Images

## Los 5 países con las poblaciones más grandes

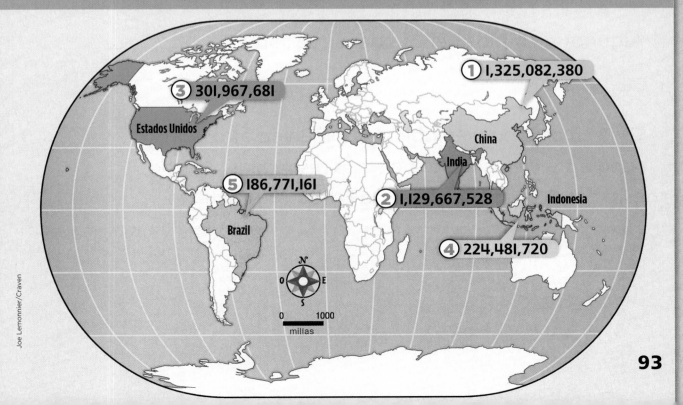

① 1,325,082,380 — China

③ 301,967,681 — Estados Unidos

② 1,129,667,528 — India

④ 224,481,720 — Indonesia

⑤ 186,771,161 — Brazil

0 1000 millas

Joe Lemonnier/Craven

# Cuadro de escritura: Descripción

**Usa el siguiente cuadro de escritura para resumir oralmente "Cómo usamos los recursos naturales".**

Un recurso natural es algo que _____

_____.

**Por ejemplo,** alguna ropa se fabrica con _____

_____.

O, **por ejemplo,** algunos _____.

Las rocas son recursos naturales que _____

_____.

El agua es otro recurso natural importante.

Algunos **ejemplos** del uso del agua son _____

_____.

Usa el marco para escribir el resumen en otra hoja.
Asegúrate de incluir las palabras **resaltadas.** Guarda
esto como un modelo de esta Estructura del texto.

# Pensamiento crítico

**I** Una cosa de la Tierra que la gente usa se llama _____.

    **A.** nuevo hogar

    **B.** mucha fuerza

    **C.** recurso natural

**2** Señala la oración en "¡Gente por todos lados!" que dice cuántas personas no tienen suficiente agua pura.

**3** ¿En qué parte del artículo hay información sobre la falta de alimento?

Un diagrama es un dibujo o un plan que explica las partes de algo o cómo funciona.

**4** Explica el diagrama de la página 90 a un compañero.

## Aprendizaje digital

Para obtener una lista de enlaces y actividades sobre este tema, visita la página de **Tesoros de lectura** en www.macmillanmh.com.

# Antes y ahora

Tamika quería aprender sobre sus **antepasados**. Los antepasados son miembros de familia que vivieron hace mucho tiempo. Por eso Tamika entrevistó a su abuela. Ella le contó a Tamika sobre sus antepasados, que vivieron en Nigeria, un país de África. Ellos usaban camisas de muchos colores llamadas *bubas*. Una mujer usaba una bufanda llamada *gele*. La abuela de Tamika tenía una gele para mostrarle.

▼ Las fotografías pueden ayudar a las personas a rastrear a su familia a lo largo de la historia.

96

La abuela de Tamika le contó cómo sus antepasados se mudaron a Estados Unidos hace muchos años. Ellos vivían y trabajaban en una granja. Para comer obtenían huevos de las gallinas y leche de las vacas.

Cuando la abuela de Tamika era niña, un lechero entregaba huevos y leche a su casa. Hoy, Tamika y su familia van a la tienda a comprar leche, huevos y otros productos. Cuando llegan a su casa, Tamika pone los huevos y la leche en el refrigerador, de la misma manera en que su abuela lo hacía cuando tenía su edad.

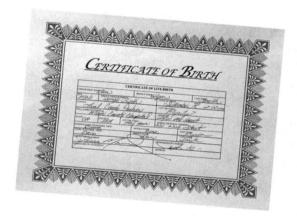

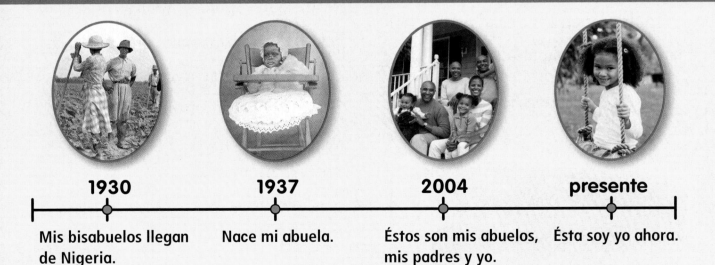

| 1930 | 1937 | 2004 | presente |
|------|------|------|----------|
| Mis bisabuelos llegan de Nigeria. | Nace mi abuela. | Éstos son mis abuelos, mis padres y yo. | Ésta soy yo ahora. |

▲ Al recopilar datos, Tamika pudo hacer una línea de tiempo con la historia de su familia.

# ¡El mismo lugar, épocas diferentes!

## Mira cómo ha cambiado una ciudad en California

Hace poco, Freddy Gartz descubrió un libro grande en el ático de su casa, en Anaheim, California. El libro era un álbum de fotos. El niño de siete años se lo mostró a su padre y a su abuelo.

Había muchas fotos de campos y naranjales. "Saqué estas fotos en Anaheim, en las décadas de 1940 y 1950", dijo su abuelo.

▼ Anaheim tenía muchas granjas y naranjales.

En esa época, Anaheim era una pequeña ciudad con unos cuantos edificios grandes. El resto eran campos para cultivar naranjas.

Freddy se quedó sorprendido. Hoy, Anaheim es una ciudad grande con edificios altos. Los campos ya no están. Ya no hay naranjos.

El padre de Freddy le explicó por qué. Le contó que en la década de 1950 se construyó un enorme parque en Anaheim. Se construyó un camino para unir Los Ángeles con Anaheim.

▼ Hoy, Anaheim es una ciudad bulliciosa.

Tony Freeman/PhotoEdit Inc.

Courtesy of Anaheim Public Library

El camino facilitaba la llegada a Anaheim. Empezaron a llegar empresarios y trabajadores. La ciudad creció cada vez más. Muy pronto la mayoría de los naranjos para poder construir casas.

Liane Cary/SuperStock

En la actualidad, Anaheim es la décima ciudad más grande de California.

Freddy se preguntó cómo se divertía su abuelo cuando era niño. "Generalmente escuchábamos la radio", dijo su abuelo.

El papá de Freddy le contó que no había televisión hasta la década de 1950. En aquel entonces, la televisión era en blanco y negro.

Bettmann/Corbis

Freddy no podía imaginar estar sin televisión a color, reproductores de CD, computadoras y videojuegos.

Su papá le explicó que ahora hay muchas más diversiones en Anaheim. Hay un equipo de béisbol y uno de hockey, salas de concierto y centros comerciales.

¿Qué más descubrió Freddy ese día? Que las cosas cambian con el tiempo.

— *Curtis Slepian*

ONOKY - Photononstop/Alamy

# Cuadro de escritura: Orden de los sucesos

**Usa el siguiente cuadro de escritura para resumir oralmente "Antes y ahora".**

Tamika quería aprender sobre los miembros de su familia de hace mucho tiempo.

**Primero,** ella _____
_____.

**Para comenzar,** la abuela le dijo a Tamika que _____
_____.

**Después,** la abuela de Tamika _____
_____.

**Luego,** ellos _____
_____.

Usa el cuadro para escribir el resumen en otra hoja. Asegúrate de incluir las palabras **resaltadas.** Guarda esto como un modelo de esta Estructura del texto.

# Pensamiento crítico

1 Los miembros de tu familia que vivieron hace
mucho tiempo son tus _____.

    **A.** antepasados

    **B.** amigos

    **C.** bubas

2 Señala la oración en "¡El mismo lugar, épocas
diferentes!" que dice cuándo había campos
y granjas en Anaheim.

3 Lee en voz alta la oración que dicen
cómo se divertía el abuelo de Freddy
cuando era niño.

> Una línea de
> tiempo muestra
> sucesos importantes
> en el orden en que
> ocurrieron.

4 Usa la línea de tiempo para saber
cuándo nació la abuela de Tamika.

## Aprendizaje digital

Para obtener una lista de enlaces y actividades sobre
este tema, visita la página de **Tesoros de lectura** en
www.macmillanmh.com.

# Todo sobre la ubicación

Observa las cosas que hay en el salón de clases de esta foto. Cada cosa está en un cierto lugar, o **ubicación.** Una ubicación es el lugar o área donde algo se encuentra. La mesa de trabajo está ubicada en la parte inferior derecha de la foto o sea, a la derecha, en la esquina inferior. El globo terráqueo está ubicado sobre los estantes que están cerca de la puerta.

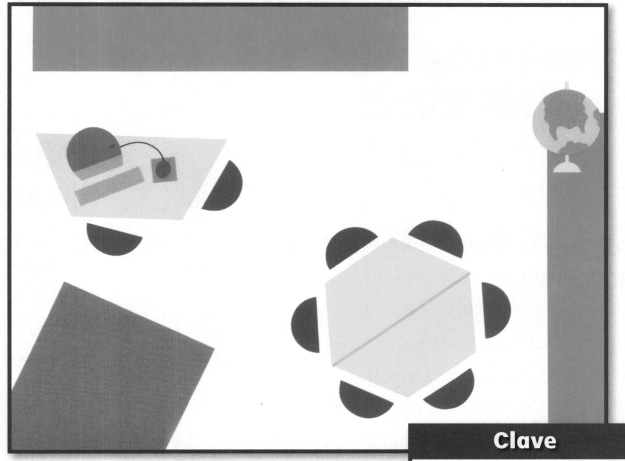

Todo lo que ves tiene su propia ubicación. Una ubicación puede ser grande o pequeña. Tu silla tiene una ubicación. Tu escuela también. ¡Tú tienes una ubicación!

Éste es el mapa de la misma clase. Los mapas nos ayudan ver la ubicación de las cosas más fácilmente.

## Clave

- Globo terráqueo
- Mesa
- Alfombra
- Computadora
- Estantes

# Diversión cuadriculada

## Un mapa cuadriculado puede ayudarte de verdad

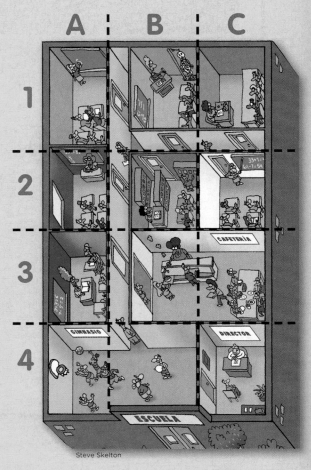

A    B    C

1

2

3

4

Steve Skelton

Una cuadrícula es un tipo de mapa. Lo único que necesitas para encontrar algo es una letra y un número. La letra te dice qué columna mirar. Una columna es una línea que lees de arriba abajo. El número te dice qué fila mirar. Una fila es una línea que lees de lado a lado.

Los niños de esta escuela no se pierden. Usan una cuadrícula para saber adónde ir. Estudia la cuadrícula. Usa el dedo para hallar los lugares de estas preguntas. Luego contesta las preguntas sobre cada lugar.

1 En la cuadrícula, la clase del Sr. Green está ubicada en B-1. ¿Qué cuelga de la pared?

2 La clase de la Srta. Blue está a la izquierda de la cafetería. ¿Cuál es la ubicación de su clase?

3 ¿Qué ocurre en A-4 y B-4 en la cuadrícula?

4 ¿Dónde se encuentra el salon de clases rojo en la cuadrícula?

Ahora observa este mapa de la parte oeste de Estados Unidos. También tiene una cuadrícula con letras y números. Busca estos lugares con el dedo. Luego contesta las preguntas.

**1** ¿Cuál es la ubicación del estado de California en la cuadrícula?

**2** ¿Qué estado está ubicado en D5?

**3** ¿Cuál es la ubicación de la cuadrícula que comparten Montana y Wyoming?

**4** Para viajar en línea recta de North Dakota a la capital de Arizona, ¿por cuáles ubicaciones de la cuadrícula debes pasar?

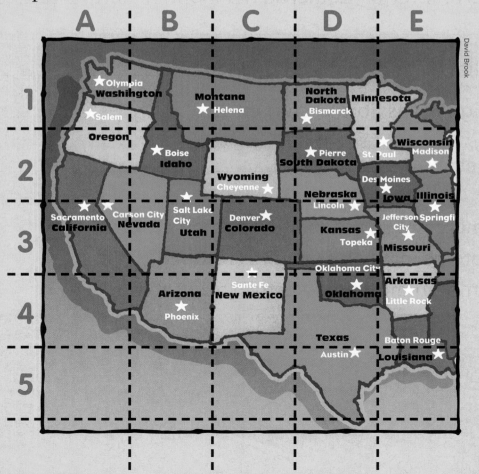

# Cuadro de escritura: Descripción

**Usa el siguiente cuadro de escritura para resumir oralmente "Todo sobre la ubicación".**

Un mapa es una imagen o un dibujo que muestra las cosas en un cierto lugar. El mapa de la clase muestra que el globo terráqueo _____,

que están **cerca de** _____.

En la parte **inferior derecha** del mapa hallarás _____

_____.

En la parte **inferior izquierda** del mapa hallarás _____

_____.

Cada silla está **cerca de** _____.

Los abrigos y los libros están **en** _____.

El reloj está **en** _____.

Usa el marco para escribir el resumen en otra hoja. Asegúrate de incluir las palabras **resaltadas.** Guarda esto como un modelo de esta Estructura del texto.

# Pensamiento crítico

**1**  El lugar o área donde se puede encontrar algo se llama _____ .

    **A.** ubicación

    **B.** vista

    **C.** mapa

**2**  Describe una cuadrícula con letras y números a un compañero. Busca oraciones en "Diversión cuadriculada" que apoyen tu descripción.

**3**  Vuelve a leer la información en "Diversión cuadriculada" que explica las columnas y las filas. Coméntalo con un compañero.

> Un mapa es un dibujo que muestra dónde se encuentran diferentes lugares.

**4**  ¿Qué muestra el mapa de la página 103? ¿En qué se parece y en qué se diferencia del mapa de la página 104?

## Aprendizaje digital

Para obtener una lista de enlaces y actividades sobre este tema, visita la página de **Tesoros de lectura** en www.macmillanmh.com.

# Norteamérica

Título

Una cantidad grande, o masa, de tierra se llama **continente**. Muchos países forman parte del continente de Norteamérica. Canadá es el país más grande. El Salvador es el país más pequeño.

Norteamérica tiene muchos tipos diferentes de geografía. Hay montañas enormes. ¡Las Montañas Rocosas se extienden desde México hasta Alaska!

Tres grandes océanos, el Atlántico, el Pacífico y el Ártico, rodean nuestro continente. Los cinco grandes lagos llamados Michigan, Hurón, Erie, Ontario y Superior, están ubicados entre Canadá y Estados Unidos. También hay muchos ríos. Uno de los ríos más largos de Norteamérica se llama el Mississippi.

Rosa de los vientos

Escala

Clave

Fecha

# Norteamérica

OCÉANO
ÁRTICO

GROENLANDIA

ALASKA
(EE.UU.)

M O N T A Ñ A S   R O C O S A S

OCÉANO
PACIFICO

CANADÁ

SIERRA NEVADA

Río Colorado

Río Missouri

Lago
Superior

Lago
Michigan

Lago
Hurón

Lago
Ontario

Río Mississippi

Lago
Erie

MONTES APALACHES

Río Ohio

ESTADOS UNIDOS

OCÉANO
ATLÁNTICO

HAWAI
(EE.UU.)

SIERRA

MÉXICO

MADRE

CUBA

BELIZE

HONDURAS

GUATEMALA

NICARAGUA

EL SALVADOR

COSTA RICA

PANAMÁ

N
O      E
S

## Escala
0      250      500 millas

## Referencias
Grandes Lagos
Ríos
Montañas

Mapa hecho en 2007

# Dos mapas: uno nuevo y uno antiguo

## Los mapas ayudan a describir el mundo.

Observa los dos mapas de estas páginas. Uno tiene más de 200 años. El otro es actual. Ambos muestran Norteamérica.

Norteamérica es un continente, o una gran masa de tierra. Estados Unidos forma parte de Norteamérica, al igual que Canadá y México.

## Mapa moderno

Observa este mapa. Es un mapa moderno de Norteamérica. Busca los bordes de Estados Unidos. El borde de un país se llama frontera. ¿Cómo se llaman los dos países que tocan a Estados Unidos? Uno es Canadá. El otro es México.

¿Qué cuerpos de agua están en las fronteras de Estados Unidos? (Los cuerpos de agua pueden ser océanos, golfos, lagos o ríos).

En la costa del este está el océano Atlántico. Al sur está el Golfo de México. Al oeste está el océano Pacífico.

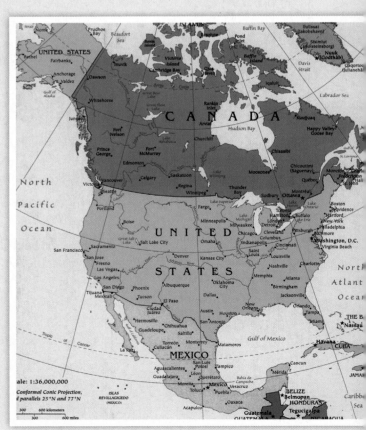

Central Intelligence Agency/Library of

## Mapa antiguo

Observa este mapa. Se hizo en 1804. Tiene más de 200 años.

Con el dedo, traza la frontera de Estados Unidos en este mapa. ¿Cuál de estas fronteras de 1804 es todavía una frontera de Estados Unidos en la actualidad? El océano Atlántico sigue siendo una frontera.

Hay algunas diferencias importantes entre el mapa moderno y el mapa antiguo. Una diferencia importante es el tamaño de Estados Unidos. Ahora es mucho más grande. Las fronteras de Estados Unidos han cambiado. Ahora Estados Unidos se extiende del océano Atlántico al Pacífico. —*Susan Moger*

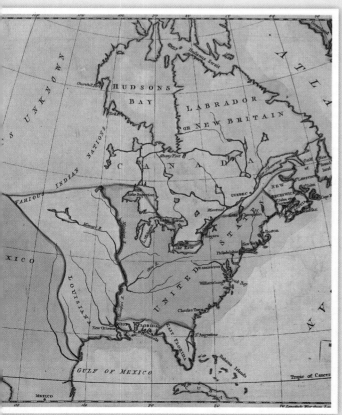

Library of Congress, Geography and Map Division

### Hacer mapas

Hacer mapas hoy en día es diferente de cómo se hacían hace 200 años. Hay satélites que orbitan la tierra, toman fotos y reúnen datos sobre los accidentes geográficos. Los cartógrafos usan los datos para hacer mapas. También usan computadoras para medir y dibujar con precisión.

Deilev Van Ravenswaay/Photo Researchers

# Cuadro de escritura: Comparar y contrastar

**Usa el siguiente cuadro de escritura para resumir oralmente "Norteamérica".**

Los países que se muestran en el mapa se parecen en muchas cosas. **Se parecen** en que _____

_____ .

Canadá, México y Estados Unidos **comparten** _____

_____ .

Los países de Norteamérica también **se parecen** en que **comparten** _____

_____ .

Los países **se diferencian** en algunas cosas.
Cada país tiene _____ **diferente.**

Usa el cuadro para escribir el resumen en otra hoja.
Asegúrate de incluir las palabras **resaltadas.** Guarda esto como un modelo de esta Estructura del texto.

# Pensamiento crítico

1 Una cantidad grande o masa de tierra se llama

_____.

    **A.** continente

    **B.** Canadá

    **C.** río

2 Busca las oraciones en "Dos mapas: uno nuevo y uno antiguo" que nombran los países que tocan a Estados Unidos.

3 Busca información en este artículo sobre el mapa nuevo. Luego busca información sobre el mapa antiguo.

4 Trabaja con un compañero. Túrnense para describir lo que ven en el mapa de Norteamérica en la página 109.

> Un mapa es un dibujo que muestra dónde quedan diferentes lugares.

## Aprendizaje digital

Para obtener una lista de enlaces y actividades sobre este tema, visita la página de **Tesoros de lectura** en www.macmillanmh.com.

# Nuestros antepasados en California

Nuestros ancestros llegaron a California de todas partes del mundo.

Los primeros pueblos de California fueron los indígenas. Vivían cerca de la costa y en las montañas, valles y desiertos. Los antepasados de Jo eran indígenas yurok. Vivían en la costa de California hace mucho tiempo. Eran grandes pescadores. Hoy, Jo y su familia siguen viviendo en la costa de California y siguen muchas de las mismas tradiciones de sus antepasados. Una **tradición** es una manera especial de hacer algo, transmitida a lo largo del tiempo.

▼ **Una familia yurok hoy en día.**

Mucho después de que los indígenas llegaran a California, llegaron muchas otras personas. Vinieron en busca de una vida mejor para sus familias. Querían construir casas y encontrar buenos trabajos y escuelas.

Cuando se halló oro en California, miles de personas llegaron para hacerse ricos.

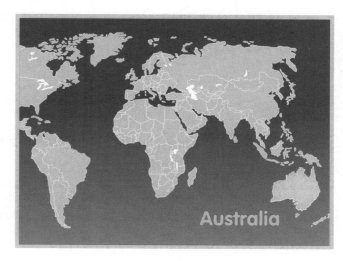

▲ Los antepasados de Tim viajaron desde Australia en 1851. Vinieron a California a buscar oro.

▲ Estos inmigrantes llegaron de Japón.

▲ Los antepasados de Mae viajaron desde Japón en barco, en 1890. Eran granjeros que llegaron a California a cultivar frutas y verduras.

# LLEGADA A ESTADOS UNIDOS

## Gente de todo el mundo llega a Estados Unidos por distintas razones.

En Estados Unidos viven millones de personas. Algunas de ellas vienen de otros países. Vienen en busca de trabajo, de aventuras y de libertad.

### La formación de Estados Unidos

En EE.UU. viven trescientos millones de personas. Treinta y un millones de ellas llegaron de otros países. Vinieron en busca de una vida mejor. Llegaron durante cada año de la historia de nuestra nación. En la década de 1840, llegaron muchas personas de Inglaterra, Alemania e Irlanda. Trabajaban en los ríos y canales canales y en el ferrocarril. De 1890 a 1924 llegó mucha gente de Italia y Rusia. Trabajaban en fábricas. Ayudaban a construir ciudades.

▼ Una familia italiana en Nueva York fabrica ropa en 1905.

## Nuevas leyes

Desde 2001 existen nuevas leyes sobre quién puede entrar al país. Estas leyes ayudan a proteger a Estados Unidos y a mantener fuera a aquellas personas que pueden hacerle daño. La gente se tarda más en poder venir, pero sigue viniendo. Una vida nueva vale la espera.

## Ayudar a la gente

La gente que llega a Estados Unidos de otro país necesita un lugar para vivir. Necesita trabajo. Si la familia de esa persona ya vive aquí, puede ayudarla. El gobierno también ayuda con servicios de salud y educación. — *Joe MacGowan*

### ¿De qué parte del mundo vienen?

**Los 5 lugares principales donde nacieron los inmigrantes a EE.UU. (Información del año 2000)**

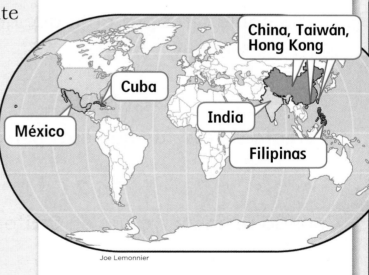

China, Taiwán, Hong Kong

Cuba

India

México

Filipinas

Joe Lemonnier

# Cuadro de escritura: Causa y efecto

Usa el siguiente cuadro de escritura para resumir oralmente "Nuestros antepasados en California".

Los primeros pueblos que llegaron a California fueron los indígenas. Algunos vivían en la costa.

Esto **resultó** en _____

_____ .

**Como resultado** sus familias hoy en día _____

_____ .

**Como** había otras personas que querían una vida mejor para sus familias, _____

_____ .

El **efecto** de eso fue que esas personas _____

_____ .

Cuando se encontró oro en California, el **efecto** fue que

_____ .

Usa el cuadro para escribir el resumen en otra hoja. Asegúrate de incluir las palabras **resaltadas.** Guarda esto como un modelo de esta Estructura del texto.

# Pensamiento crítico

**1** Una forma de hacer algo que se transmite a lo largo del tiempo se llama _____.

    **A.** buen trabajo

    **B.** antepasado

    **C.** tradición

**2** Busca las oraciones en "Llegada a Estados Unidos" que dicen cuántas personas llegaron de otros países.

**3** Señala el texto en "Llegada a Estados Unidos" que nombra los 5 países principales donde nacieron los inmigrantes a EE.UU.

Una fotografía es una imagen tomada con una cámara.

**4** Compara las fotografías de los inmigrantes de las páginas 116 y 117. ¿En qué se parecen y en qué se diferencian?

## Aprendizaje digital

Para obtener una lista de enlaces y actividades sobre este tema, visita la página de **Tesoros de lectura** en www.macmillanmh.com.

# De ciudad al campo

Una comunidad **urbana** es una ciudad como San Francisco, California. En ella hay muchos edificios, apartamentos, casas y calles. Ahí puedes hallar edificios altos. En esos edificios trabajan muchas personas.

▼ San Francisco es un área urbana.

Una comunidad **suburbana** es un área que está cerca de la ciudad. El prefijo *sub-* de *suburbano* significa "cerca" y el prefijo *urb-* significa "ciudad". Una comunidad suburbana tiene áreas abiertas, como parques. Muchas personas que trabajan en la ciudad viven en áreas suburbanas cercanas.

▲ Burlingame, California, es un área suburbana.

Una comunidad **rural** está lejos de la ciudad. Rural significa "terreno abierto". En una comunidad rural hay mucho terreno y pocas casas. Está formada por pequeños pueblos y granjas, y muchos terrenos. Muchas granjas de California cultivan frutas y verduras.

▼ Napa, California, es un área rural.

# ¿De quién es este hábitat?

**Cuando la gente y los animales tienen que compartir el mismo espacio, pueden surgir problemas.**

En California, el dueño de una cabaña le escribió al Departamento de Caza y Pesca: "Un oso . . . abrió la puerta del refrigerador, sacó comida, rompió botellas y se llevó una libra de tocino a una habitación de arriba. Dejó sus huellas de lodo y baba sobre el refrigerador."

▲ ¡Los osos pardos no son exigentes a la hora de comer!

En casi todos los estados, cada vez hay más enfrentamientos entre dueños de casas y animales salvajes. ¿Qué ocurre?

▼Las ciudades están llegando a lugares donde viven animales salvajes.

## Vida salvaje

Cuando las ciudades crecen, los espacios abiertos desparecen. Esto se llama expansión. La expansión altera a las plantas y a los animales. En E.E.U.U., cada año se pierden casi 2 millones de acres de espacio abierto. Al llegar la gente, los animales pierden la batalla.

## Carreteras para todos

Otro problema grave son los animales atropellados por vehículos. Para evitar esto, los estados y las organizaciones conservacionistas están diseñando pasos elevados y túneles. Así los animales tienen una vía para cruzar las carreteras. Señales de precaución alertan a los conductores para que estén atentos en áreas donde los animales cruzan carreteras.

— *Kathryn Satterfield*

## Piénsalo

**¿Por qué es importante darles espacio a los animales? ¿Cómo podemos construir casas sin dejar de proteger los hábitats de los animales?**

▼ Un paso elevado sólo para animales.

Robert McGouey/Alamy

Image Source/Getty Images

**123**

# Cuadro de escritura: Comparar y contrastar

**Usa el siguiente cuadro de escritura para resumir oralmente "De ciudad al campo".**

Las personas usan la tierra en California de tres maneras **distintas.** Algunas áreas son comunidades urbanas llenas de _____.

**En contraste a esto,** otras áreas están mucho menos pobladas. **A diferencia de** las ciudades, las áreas rurales

_____.

**A diferencia de** las áreas suburbanas, las áreas rurales

_____.

Las comunidades suburbanas **se parecen** más a las áreas urbanas. La gente de las comunidades suburbanas

_____.

Pero una comunidad suburbana **se parece** a una comunidad rural en que _____.

Usa el cuadro para escribir el resumen en otra hoja. Asegúrate de incluir las palabras **resaltadas.** Guarda esto como un modelo de esta Estructura del texto.

# Pensamiento crítico

**1** Una comunidad donde hay mucha tierra abierta es una comunidad _____ .

    **A.** urbana

    **B.** rural

    **C.** suburbana

**2** Busca la parte del artículo "¿De quién es este hábitat?" que describe qué puede ocurrir con los osos pardos.

**3** Lee en voz alta la oración en "¿De quién es este hábitat?" que explica una manera en que los animales pierden su hábitat.

**4** Con un compañero, compara las fotos de las áreas urbanas, suburbanas y rurales de las páginas 120 y 121.

> Una fotografía es una imagen tomada con una cámara.

## Aprendizaje digital

Para obtener una lista de enlaces y actividades sobre este tema, visita la página de **Tesoros de lectura** en www.macmillanmh.com.

# Reglas y leyes

Las reglas se hacen para que la gente esté segura, para que se lleven bien entre todos y para que las cosas sean justas. Una regla para una nueva comunidad se llama **ley**. Muchos países tienen leyes. Cada país tiene diferentes leyes.

En Estados Unidos, los legisladores forman el **Congreso**. Estos legisladores hacen leyes escribiendo proyectos de ley. Un proyecto de ley es una idea para una nueva ley. Si el Congreso vota por "sí", el proyecto de ley pasa al Presidente. Si el Presidente está de acuerdo con el proyecto de ley, éste se convierte en ley. Si al Presidente no le gusta el proyecto de ley, éste vuelve al Congreso. Si por lo menos dos tercios de los legisladores vuelven a votar por "sí", el proyecto se convierte en ley.

▲ Esta foto muestra una sesión del Congreso.

Un juicio es una reunión para decidir si alguien violó la ley. En Estados Unidos los **juicios** en una corte están dirigidos por jueces. Algunos ciudadanos forman un jurado, y son elegidos para participar en un juicio. El jurado trabaja con el juez para decidir si alguien violó la ley y cuál es un castigo justo.

No todos los países tienen jueces, jurados o juicios. Algunos países pueden tener jueces y juicios pero no jurados. Otros países tienen su propia manera de hacer cumplir las leyes, de decidir si éstas se violaron y de castigar a los que no las cumplen.

# Demasiado joven para trabajar

## Los niños están realizando trabajos peligrosos en las granjas de EE.UU. y de todo el mundo.

Valdemar Balderas empezó a trabajar a los 12 años. Vivía en Texas pero todos los meses de abril su familia se iba al norte en busca de trabajo agrícola. Quitaban hierbas. Quitaban las rocas de los campos. La jornada empezaba antes del amanecer y terminaba con la puesta de sol. Raras veces tenían el día libre.

▲ Valdemar Balderas con sus padres.

### Forzados a trabajar

En todo el mundo, hay niños que están forzados a trabajar. ¡Son unos 250 millones en total! Trabajan mucho y el trabajo a menudo es peligroso. Trabajan en minas y en fábricas. Tejen alfombras. Más de 100 millones trabajan en granjas. Muchos países no tienen leyes para proteger a estos niños.

▼ Este niño de 13 años trabaja en una tienda de metal en Afghanistan.

En EE.UU. la ley requiere condiciones de trabajo seguras para los niños. Indica cuántas horas pueden trabajar. Pero la ley no se aplica al trabajo de granja.

## Un trabajo peligroso

El trabajo de granja es peligroso para los niños. Usan herramientas filosas diseñadas para adultos. Operan máquinas. Trabajan cerca de químicos venenosos. Cada año, más de 100,000 niños resultan heridos en las granjas.

Santos Polendo trabajó 10 años en el campo. Tenía frecuentes dolores de cuerpo y de cabeza. "Si te hieres, nadie te ayuda", dice.

## Un futuro mejor

Las familias que trabajan en granjas se llaman familias migratorias. Viajan de un lugar a otro para buscar trabajo. Los niños abandonan la escuela. Cuando regresan es difícil ponerse al día.

Santos dejó de trabajar en el campo. Terminó la escuela secundaria. Ahora va a la universidad y estudia para ser maestro de arte. Algún día le gustaría formar una familia. Espera que sus hijos nunca tengan que trabajar en el campo. —*Dina El Nabli*

Romano/Stolen Childhoods

▲ Un niño trabajando en un campo de cebollas en Texas.

AP Photo/Pat Christman

▲ Los hijos de los trabajadores de granja necesitan programas escolares buenos como éste.

# Cuadro de escritura: Causa y efecto

**Usa el siguiente cuadro de escritura para resumir oralmente "Reglas y leyes".**

En Estados Unidos, **cuando** el Congreso quiere una nueva

ley, _____.

Si el Congreso vota por "sí" por un proyecto de ley, el
**efecto** es que _____.

**Si** el Presidente está de acuerdo con el proyecto de ley,
**entonces** _____.

**Si** el Presidente no está de acuerdo con el proyecto de ley,
**entonces** _____.

Cuando esto ocurre, si al menos dos tercios de los
legisladores votan por "sí" de nuevo, **entonces**

_____.

Usa el cuadro para escribir el resumen en otra hoja.
Asegúrate de incluir las palabras **resaltadas.** Guarda
esto como un modelo de esta Estructura del texto.

# Pensamiento crítico

**1** Una reunión para decidir si alguien violó la ley se llama _____ .

    **A.** proyecto de ley

    **B.** regla

    **C.** juicio

**2** Lee en voz alta la oración en "Demasiado joven para trabajar" que da una razón por la cual en muchos países los niños están forzados a trabajar.

**3** Busca el texto en "Demasiado joven para trabajar" que habla sobre una ley para los niños de EE.UU.

**4** ¿Qué fotografía de "Reglas y leyes" muestra al Congreso? Lee la leyenda en voz alta.

> Una leyenda es un título o una explicación de una fotografía.

## Aprendizaje digital

Para obtener una lista de enlaces y actividades sobre este tema, visita la página de **Tesoros de lectura** en www.macmillanmh.com.

# Los gobiernos de otros países

Al igual que Estados Unidos, Canadá tiene una capital. Los líderes, legisladores y jueces de Canadá se reúnen en esta ciudad, Ottawa.

Canadá

Hace mucho tiempo Canadá estaba dirigida por reyes y reinas. Pero en la actualidad la gente **vota** para elegir a sus líderes, igual que nosotros. Cuando la gente vota, hace una elección o dice si está de acuerdo o no con algo.

El líder de Canadá se llama primer ministro. Los legisladores de Canadá forman el Parlamento. El Parlamento es como el Congreso de Estados Unidos.

▲ Stephen Harper, primer ministro de Canadá

▲ Parlamento de Canadá

132

México es nuestro vecino del sur. México y Estados Unidos comparten una frontera.

La capital de México es la Ciudad de México. Los líderes, legisladores y jueces de México se reúnen en la Ciudad de México. Los legisladores forman el Congreso de la Unión. Es como el Congreso de Estados Unidos.

Al igual que en Estados Unidos, el líder de México se llama presidente. Sin embargo, México vota por un nuevo presidente cada seis años en vez de cada cuatro años como en Estados Unidos.

México

▼ Felipe Calderón, presidente de México

▼ Congreso de la Unión de México

133

# Recordar a Rosa Parks

**Rosa Parks se pronunció sentándose, y eso hizo una gran diferencia.**

Bettmann/Corbis Images

▲ Rosa Parks toma un asiento al frente de un autobús en 1956.

El primero de diciembre de 1955, Rosa Parks violó la ley. Sucedió en Montgomery, Alabama. Su crimen fue sentarse en un asiento libre de un autobús público. Se rehusó a levantarse cuando un hombre blanco quiso su asiento. Hoy, eso no sería un crimen. Pero en 1955 las leyes de algunos estados separaban a los negros de los blancos. Esto se llama segregación. En Montgomery, la ley decía que se debían sentar en asientos separados.

Bettmann/Corbis Images

▲ Los blancos y los negros no usaban las mismas fuentes para beber.

## "¡No viajaremos!"

Parks fue arrestada por no ceder su asiento. El arresto desencadenó una serie de sucesos que cambiaron a Estados Unidos. Los afroamericanos actuaron. Se rehusaron a tomar

AP Photo/Gene Herrick

▲ Arrestan Martin Luther King, Jr. en Montgomery.

autobuses en Montgomery. Martin Luther King, Jr., lideró esta protesta pacífica. Los protestadores no subieron a ningún autobús por 381 días; más de un año.

## La ley de la nación

En 1956, la Corte Suprema de EE.UU. aprobó una ley sobre el caso. Los afroamericanos no podrían ser forzados a sentarse en lugares específicos de los autobuses. En 1964 se aprobó la Ley de Derechos Civiles. Prohibió la separación racial en todos los lugares públicos.

## Madre del movimiento por los derechos civiles

Muchos le llaman a Rosa Parks la madre del movimiento por los derechos civiles. Fue una líder por medio del ejemplo. Demostró que las protestas pacíficas funcionan. Pero Parks compartió el reconocimiento que le dieron por los cambios importantes que resultaron. "Lo único que lo hizo significante fueron las masas que participaron en esto", dijo.

Rosa Parks abrió un nuevo capítulo en la historia de nuestra nación. Falleció en 2005, a la edad de 92 años. El mundo entero lloró su pérdida. —*Andrea Delbanco*

▼ **Rosa Parks en 1999**

Reuters/Corbis Images

135

# Cuadro de escritura: Comparar y contrastar

Usa el siguiente cuadro de escritura para resumir oralmente "Los gobiernos de otros países".

**Al igual que** Estados Unidos, Canadá tiene una _____ .

**Al igual que** en Estados Unidos, la gente de Canadá

_____ .

**A diferencia de** Estados Unidos, el líder de Canadá es un

_____ .

Además, **a diferencia de** Estados Unidos, los legisladores

de Canadá _____ .

El Parlamento es **como** _____ .

**Al igual que** Estados Unidos, México tiene una _____ .

Además, **al igual que** en Estados Unidos, el líder de México es

_____ .

Usa el cuadro para escribir el resumen en otra hoja.
Asegúrate de incluir las palabras **resaltadas.** Guarda
esto como un modelo de esta Estructura del texto.

# Pensamiento crítico

1  El acto de hacer una elección, o de decidir si se está a favor o en contra de algo, se llama _____.

   A. voto

   B. unión

   C. Congreso

2  Busca el texto en "Recordar a Rosa Parks" que dice cómo ella violó la ley.

3  Señala las oraciones de este artículo que dicen lo que le pasó a Rosa Parks después de violar la ley.

4  Con un compañero, compara y contrasta los mapas de las páginas 132 y 133.

Un mapa es un dibujo que muestra dónde quedan diferentes lugares.

## Aprendizaje digital

Para obtener una lista de enlaces y actividades sobre este tema, visita la página de **Tesoros de lectura** en www.macmillanmh.com.

# Países que trabajan juntos

A veces, las personas de diferentes países trabajan juntas para resolver problemas. Por ejemplo, en 1965 se cazaban y mataban demasiados osos polares. Como los osos polares viven únicamente en Canadá, Dinamarca, Noruega, Rusia y Estados Unidos, se reunieron personas de estos cinco países. Hicieron una lista de lo que podían hacer para ayudar a los osos polares.

En 1973 estos países firmaron una ley para proteger a los osos polares. Hoy, esos países siguen trabajando juntos para asegurarse de que los osos polares estén a salvo.

En 1988, los líderes de Inglaterra y Francia se reunieron para resolver un problema. Querían construir un túnel debajo del Canal de la Mancha para unir a los dos países. A este túnel lo llamarían Eurotúnel (o Chunnel).

Los trabajadores de Francia empezaron a cavar desde su lado. Los trabajadores de Inglaterra empezaron a cavar desde su lado. Tres años después, los trabajadores se encontraron en el medio. Habían unido los dos países por medio del túnel más largo del mundo.

El Eurotúnel fue un gran **éxito**. Cuando algo es un éxito es porque tiene un buen final o resultado. Los ingleses y los franceses habían querido hacer un túnel durante cientos de años. Al trabajar juntos, pudieron lograrlo.

Una de las máquinas utilizadas para cavar el Eurotúnel (Chunnel).

# Un trabajo duro

**Condoleezza Rice sabía que quería hacer una diferencia en el mundo... y lo logró.**

Condoleezza Rice es la primera mujer afroamericana en ser secretaria de estado de EE.UU. Una secretaria de estado negocia con líderes de otros países. Es un trabajo duro.

## Trabajo duro

Condie Rice nació en 1954 en Birmingham, Alabama. A la edad de 5 años tocaba el piano. En la adolescencia era una talentosa patinadora sobre hielo. Terminó la universidad a los 19 años.

Jim Goldberg/Magnum Photos

▲ **Rice es aficionada del fútbol americano.**

Cuando Rice era niña, el racismo no les permitía a los afroamericanos a conseguir trabajos buenos. Pero los padres de Rice le enseñaron que podía realizar cualquier meta. Ella quería estudiar la música al salir de la universidad. Entonces decidió marcar una gran diferencia en el mundo. Estudió mucho para lograrlo.

Antes de ser secretaria de estado, Rice tuvo otros trabajos importantes. Fue la consejera de seguridad nacional del presidente George W. Bush entre 2001 y 2005.

Mark Wilson/Getty Images

◄ **Rice con el famoso violoncelista Yo-Yo Ma**

## Viajes y muchos discursos

Un secretario de estado se reúne con líderes de otros países. El éxito se consigue cuando EE.UU. logra sus objetivos sin que haya guerra. En un año, Rice realizó 18 viajes a 33 países. Recorrió 247,603 millas. Trató problemas con Afganistán, Irán, Irak y Corea del Norte. Rice cree que los problemas se pueden resolver pacíficamente. Los que la conocen bien dicen: "Ella nunca aceptará un 'no' como respuesta".

Olivier Douliery/Abaca USA/Newscom

▲ Rice habla sobre Irak en una reunión de prensa

## Escuchar a la gente del Oriente Medio

Desde hace mucho existe la disputa por tierras entre israelíes y palestinos. Ha sido difícil hallar una solución pacífica. A veces es bueno escuchar. Un secretario de estado tiene que ser un buen oyente. Rice pasó tiempo en el Oriente Medio escuchando a la gente. Dijo: "Fue una buena oportunidad venir aquí y escuchar a la gente ... [hablar sobre] cómo ven el futuro." *— Andrea Delbanco, Romesh Ratnesar, Elaine Shannon*

AP Photo/Murad Sezer

▲ Con el presidente palestino Mahmoud Abbas

David Silverman/Getty Images

Con los líderes de la Autoridad ▶ Palestina e Israel

# Cuadro de escritura: Problema y solución

Usa el siguiente cuadro de escritura para resumir oralmente "Países que trabajan juntos".

En 1965, cuando hubo un **problema** con los osos polares,

_____

_____.

Para **resolver** este **problema** con los osos polares,

_____.

**Como resultado,** hoy estos países _____

_____.

En 1988, los líderes de Inglaterra y Francia se reunieron para **resolver un problema.** Ellos querían _____

_____.

Finalmente, el **problema se resolvió** cuando _____

_____.

Usa el cuadro para escribir el resumen en otra hoja. Asegúrate de incluir las palabras **resaltadas.** Guarda esto como un modelo de esta Estructura del texto.

# Pensamiento crítico

1 Cuando algo tiene un final o resultado bueno o favorable, es un _____.

    **A.** problema

    **B.** estado

    **C.** éxito

2 Busca las oraciones en "Un trabajo duro" que indiquen lo que hace un secretario de estado.

3 Lee en voz alta el texto de la página 141 que dice cómo debe ser un secretario de estado.

4 Describe la fotografía de la máquina en la página 139. Di cómo la máquina resolvió un problema.

Una fotografía es una imagen tomada con una cámara.

## Aprendizaje digital

Para obtener una lista de enlaces y actividades sobre este tema, visita la página de **Tesoros de lectura** en www.macmillanmh.com.

# Granjas de ayer y hoy

Hace mucho tiempo, la gente trabajaba mucho para cubrir sus necesidades. Cazaban, pescaban y recogían plantas todos los días. En un lugar llamado Mesopotamia, un grupo de personas hizo el primer pan.

Estas personas encontraron granos que se podían comer. El grano es una semilla que se encuentra en plantas como el trigo y el centeno. Ellos usaban piedras para romper el grano y hacer harina. Luego le agregaban agua. Lo cocinaban sobre fuego para hacer pan.

Los granjeros plantaron algunos granos para hacer crecer más comida. Cuando no llovía, traían agua de ríos cercanos para echarle a las plantas.

▼ Esta obra de arte muestra mesopotámicos trabajando en las cosechas.

Muchos años después de los mesopotámicos se inventaron los molinos. Los molinos son máquinas que machacan cosas. Al principio había que trabajar duro para hacer girar la rueda del molino y así convertir el grano en harina. Tiempo después hicieron funcionar la rueda con agua.

▲ **Molino con rueda de agua**

Hoy se utiliza la **tecnología** para que las cosas funcionen más rápido, más fácil y mejor. Hay máquinas que plantan semillas y las riegan. Hay máquinas que cortan las plantas que nacen de las semillas. Hay máquinas que recogen los granos y los machacan. Las máquinas hacen el trabajo que antes la gente hacía a mano. Las máquinas también ayudan a poner la harina en bolsas y enviarlas a las panaderías, almacenes y restaurantes.

**Máquina para cortar plantas** ▼

▲ **Máquina para plantar semillas**

# Detectives de espinaca

## Unos detectives de espinaca quisieron averiguar por qué la espinaca enfermaba a la gente.

La espinaca cruda apareció en las noticias. La bacteria E. coli de la espinaca había enfermado a personas en 26 estados. Tres personas murieron. La Administración de Drogas y Alimentos (FDA, por sus siglas en inglés) trabajó para prevenir que más personas se enfermaran.

### Armar un rompecabezas

"Hacemos trabajo de detectives. Gran parte de la ciencia es armar... rompecabezas", dice Jack Guzewich. Él es científico y trabaja en la FDA. "Tratamos de averiguar qué ... enferma a la gente. Luego la alertamos de para que no se siga enfermando. Finalmente tratamos ... [asegurarnos] de que no vuelva a ocurrir".

Durante esta amenaza de la espinaca, los científicos hablaron con los enfermos. Todos habían comido espinaca en bolsa. Eso ayudó a los científicos a rastrear la fuente de la bacteria.

▲ Científicos del FDA recogen muestras de un sembrado de espinacas.

Inga Spence/Alamy

▲ **Espinaca en una granja en California**

E. coli proviene del excremento humano o animal. Un equipo de la FDA estudió las maneras en que la bacteria podría haber llegado a la espinaca. Observaron cómo se lavaba la espinaca. Estudiaron las inundaciones, los fertilizantes y los animales de granjas cercanas, entre otras cosas.

Al principio, los cultivadores de espinaca de California destruyeron sus cosechas. Sabían que la gente no compraría espinaca fresca por un tiempo. Luego, la FDA anunció que la mayor parte de la espinaca fresca estaba en buenas condiciones.

## Termina la amenaza

Después de un tiempo, la gente volvió a comprar espinaca. Los científicos creen que el agua de las inundaciones pudo haber sido la causa. Los granjeros y científicos están haciendo todo lo posible para asegurarse de que a partir de ahora la espinaca se pueda comer con tranquilidad.

—*Andrea Delbanco*

David Young-Wolff/Photo Edit

147

# Cuadro de escritura: Orden de los sucesos

**Usa el siguiente cuadro de escritura para resumir oralmente "Granjas de ayer y hoy".**

Hace mucho tiempo, la gente trabajaba duro para

_____.

Los **primeros** en hacer pan _____.

Estas personas **primero** _____.

**Luego** _____.

**Después** de eso, _____.

**Finalmente** _____.

Muchos años **después** de los mesopotámicos, _____

_____.

**Al principio,** la gente _____

_____.

Hoy, _____

_____.

Usa el cuadro para escribir el resumen en otra hoja. Asegúrate de incluir las palabras **resaltadas.** Guarda esto como un modelo de esta Estructura del texto.

# Pensamiento crítico

**1** El uso de herramientas y máquinas para ayudar a producir algo se llama _____.

    **A.** enseñanza

    **B.** agricultura

    **C.** tecnología

**2** Lee en voz alta el texto en "Detectives de espinaca" que dice lo que hicieron los cultivadores de espinaca de California para resolver su problema.

**3** Señala la oración en "Detectives de espinaca" que dice lo que piensan los científicos sobre la causa de este problema.

**4** Comenta con un compañero las leyendas de la página 145 que hablan sobre las máquinas de hoy.

> Una leyenda es un título o una explicación de una fotografía.

## Aprendizaje digital

Para obtener una lista de enlaces y actividades sobre este tema, visita la página de **Tesoros de lectura** en www.macmillanmh.com.

# De la granja al hogar

Hace mucho tiempo, la gente plantaba semillas para que crecieran árboles y para conseguir manzanas. Pero eso tardaba mucho. Hoy, las manzanas se cultivan en granjas llamadas **huertos**. Además, hoy en día los granjeros tienen una manera más rápida de hacer crecer las manzanas. Cortan las ramas de un árbol adulto. Atan esas ramas a un árbol más joven. Esto se llama *injerto*. En poco tiempo, en esas ramas aparecen flores que se convierten en manzanas.

▼ En las ramas crecen flores.

▲ El granjero ata ramas a los nuevos manzanos.

◄ Las flores se convierten en manzanas.

**150**

Igual que en el pasado, cuando las manzanas están maduras, o listas, se pizcan a mano. Y los recolectores de manzanas las ponen en un saco, igual que antes. Los sacos se vacían en cajas. Pero a diferencia del pasado, hoy se usan camiones para llevar las manzanas hasta un gran refrigerador. Esto las mantiene frías y frescas. Luego se lavan y se ponen en cajones de manzana. Otro camión lleva estas cajas hasta las tiendas.

▲ Los recolectores ponen las manzanas en sacos.

Las cajas de manzanas se llevan a un gran refrigerador. ▶

# Elegir la manzana perfecta

A veces no es fácil decidir qué manzana comprar.

John Cloud estaba en un mercado en Nueva York. No podía decidir qué manzana elegir. Una manzana era orgánica. La comida orgánica crece sin el uso de químicos. Esa manzana era de California.

La otra manzana había crecido por medio de químicos. Era "local". Local significa de la zona, o de cerca. La manzana local no recorre tanta distancia para llegar al mercado.

La manzana orgánica vino de muy lejos. Estuvo en un contenedor refrigerado para mantenerse fría. Cloud se preguntó qué gusto tendría esta manzana después de ese viaje largo y frío.

La manzana de Nueva York vino de cerca. Podría tener mejor sabor. Cloud compró las dos manzanas. Ambas tenían buen sabor.

## Cultivar comida con químicos

Algunos granjeros usan químicos para proteger a sus cultivos. En los lugares húmedos el aire suele ser pegajoso y hace crecer una bacteria dañina. Los químicos matan a la bacteria. Los insectos también pueden dañar las plantas. Los granjeros usan químicos para matar a los insectos.

Tom Hertz/Alamy

## ¿Orgánico o local?

Muchos estadounidenses compran comida orgánica. Prefieren la comida cultivada sin químicos. Muchas personas compran comida local. No quieren comida que viene de lejos. A veces es difícil encontrar comida local que también sea orgánica. La gente debe decidir. Los científicos están tratando de decidir cuál de las dos es más sana. Un equipo estudió los tomates. Hallaron que los tomates orgánicos tienen más vitamina C. Los mismos científicos estudiaron dos tipos de pimientos dulces. No vieron ninguna diferencia.

(t to b) Photodisc/ Getty RF Collection; foodfolio/Alamy

## En busca de comida local

John Cloud decidió comprar comida en una granja local. Participó en un programa de agricultura comunitario. Para participar se paga una tarifa. Sus miembros obtienen comida de una granja local todas las semanas. La comida se lleva a un lugar central. Allí, los miembros la recogen. Así, Cloud consigue fruta, huevos y verduras. — *Susan Moger*

AP Photo/Rita Beamish

# Cuadro de escritura: Orden de los sucesos

**Usa el siguiente cuadro de escritura para resumir oralmente "De la granja al hogar".**

**Hace mucho tiempo,** la gente cultivaba árboles de

_____.

**Hoy,** los granjeros tienen una _____ más rápida.

**Primero,** el granjero _____.

**Luego,** _____.

**En poco tiempo,** _____

_____.

**Hace mucho tiempo,** cuando las manzanas estaban listas para ser recogidas, _____

**Igual que antes,** los recolectores de manzanas de hoy

_____.

**Después de eso,** los camiones _____

_____.

Usa el cuadro para escribir el resumen en otra hoja. Asegúrate de incluir las palabras **resaltadas.** Guarda esto como un modelo de esta Estructura del texto.

# Pensamiento crítico

1 Una granja donde se cultiva fruta como la manzana se llama _____.

    **A.** huerto

    **B.** naranja

    **C.** casa vieja

2 Busca la oración en "Elegir la manzana perfecta" que dice el significado de *comida orgánica*.

3 Usa el texto de "Elegir la manzana perfecta" para hablar con un compañero sobre lo que quería averiguar John Cloud.

4 Habla con un compañero sobre el orden de los sucesos del diagrama de la página 150.

Un diagrama es un dibujo o un plan que explica las partes de algo o cómo funciona.

## Aprendizaje digital

Para obtener una lista de enlaces y actividades sobre este tema, visita la página de **Tesoros de lectura** en www.macmillanmh.com.

# Productores y consumidores

Un **productor** hace o cultiva un producto o un artículo para venderlo. Esta granjera es una productora. Cultiva productos como las uvas para venderlos.

La granjera puede vender las uvas a una fábrica. Ahí, los trabajadores usan las uvas para hacer mermelada para vender. Estos trabajadores también son productores.

▼ Ésta es una granja de uvas.

▼ Él es un trabajador de una fábrica.

Un **consumidor** usa productos o artículos hechos por un productor. El consumidor comprará las uvas cultivadas por la granjera y la mermelada de uva hecha por los trabajadores de la fábrica.

Todos somos consumidores. Eso se debe a que todos tenemos necesidades y deseos. Cuando la granjera cultiva uvas para vender, es una productora. Pero cuando compra una artesanía en cerámica que le gusta, es una consumidora.

# Niños a cargo

**¡Algunos niños son mandones!**

Los niños de esta historia son jefes. Todos ellos tienen negocios exitosos. La Fundación Nacional de Enseñanza Empresarial (NFTE, por sus siglas en inglés) los ayudó a empezar. Un empresario es una persona que organiza y administra un proyecto o negocio.

**Empresa: LAVTweb**
**Laima Tazmin, Presidente**
**Nueva York, NY**

Laima Tazmin empezó a hacer sitios web a la edad de 7 años. Lo aprendió leyendo los libros de su hermano. A los 12 años empezó su propia compañía. Ella diseña sitios web para personas y negocios. En un año ganó $25,000.

Arlen Tazmin

Cindy Hammond

**Empresa: Shay's Bones and Biscuits**
**Shay Hammond, Fundadora, Dueña, Operadora**
**Olive Hill, Kentucky**

Los clientes de Shay se vuelven locos por su producto. ¿Por qué? ¡Porque son perros! A los 11 años, Shay empezó a vender galletas para perros caseros. Ella gana unos $200 por año. Tres tiendas venden sus galletas. Ella también las vende en línea.

Alan Dillenberg

**Empresa: ProPedder Kustoms
Buddy Dillenberg, Jefe ejecutivo
Birmingham, Alabama**

Buddy Dillenberg ahorró dinero para comprar un auto. Pero en cambio compró maquinaria. Ése fue el inicio de su empresa. Su empresa vende accessorios de patineta. Los vende a sus amigos y en línea. ¡En poco tiempo empezó a ganar $1,000 por mes!

**Empresa: Baywear Legend
Luis Villa, Jefe ejecutivo
East Palo Alto, California**

A los 14 años, Luis Villa vivía en un lugar donde las pandillas y la violencia lastimaban a la gente. Luis inició un negocio para combatir la violencia. Su empresa fabrica cinturones, pañuelos y camisetas. Toma los colores de las pandillas y los mezcla con colores que digan unidad o solidaridad.

courtesy Build

# ¿Quieres ser tu propio jefe?

**Aquí tienes cuatro consejos para empezar una empresa.**

**Empieza con poco** Haz una lista de tus pasatiempos y luego piensa en una idea para formar un negocio con cada uno.

**Controla tu dinero** Lleva la cuenta de lo que ganas y gastas.

**Escucha** Pide consejos a un adulto en quien puedas confiar.

**Cumple** Sé honesto. Cumple lo que prometes.

# Cuadro de escritura: Comparar y contrastar

Usa el siguiente cuadro de escritura para resumir oralmente "Productores y consumidores".

Un productor _____

_____.

**Por ejemplo,** _____

_____.

Una granjero cultiva productos, **como** _____

_____.

**Por ejemplo**, un granjero de uvas podría, _____

_____.

Un consumidor _____

_____.

Usa el cuadro para escribir el resumen en otra hoja. Asegúrate de incluir las palabras **resaltadas.** Guarda esto como un modelo de esta Estructura del texto.

# Pensamiento crítico

**1** Alguien que cultiva un producto o hace un artículo se llama _____.

    **A.** pirata

    **B.** productor

    **C.** consumidor

**2** Señala la oración de "Niños a cargo" que dice por qué Shay Hammond empezó su empresa.

**3** Busca las oraciones de "Niños a cargo" que explican de qué manera Buddy Dillenberg gana $1,000 por mes.

**4** Comenta con un compañero las fotografías de las páginas 156 y 157.

Una fotografía es una imagen tomada con una cámara.

## Aprendizaje digital

Para obtener una lista de enlaces y actividades sobre este tema, visita la página de **Tesoros de lectura** en www.macmillanmh.com.

# Comercio con otros países

En Estados unidos tenemos muchas fábricas y granjas. Hacemos y cultivamos muchos productos. Cuando hacemos y cultivamos más productos de los que necesitamos, podemos comerciar esos productos adicionales con otros países. Podemos dar algo de lo que tenemos en cantidad a cambio de algo que necesitamos.

▲ Artículos de otro país

En Estados Unidos no tenemos buenos **recursos** para producir plátanos. Los recursos son los materiales o condiciones valiosas que una nación tiene. Los plátanos sólo pueden crecer en lugares cálidos y lluviosos, como el país de Panamá. Pero a los consumidores de Estados Unidos les gustan los plátanos. Por lo tanto, los granjeros de ese país cultivan plátanos y se las venden a Estados Unidos.

Estados Unidos produce mucha azúcar. Los productores de azúcar se la venden a los consumidores de Estados Unidos. También se la venden a Panamá.

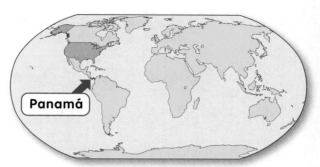

▼ **En Panamá se cortan los plátanos y se ponen en un barco.**

▼ **A la gente de Estados Unidos le encanta comer plátanos.**

163

# Niños que les venden a niños

## Para algunos jóvenes, su trabajo es averiguar lo que les gusta a sus amigos.

### Jenny, la agente

Jenny Lieb tiene 16 años. Vive en Florida. Ella da goma de mascar a sus amigos después del almuerzo. Escribe lo que sus amigos piensan sobre la goma de mascar. A Jenny le paga una compañía llamada BzzAgent. Ellos le dan productos gratis. Luego, ella los comparte con sus amigos. Recibe dinero por decirle a BzzAgent qué piensan sus amigos sobre el producto.

▲ "Agente" Jenny Lieb, (izq.) con su amiga Susan Jacobs

Mark Wallheiser

Lo que Jenny hace se llama mercadeo entre pares. Esto significa que la gente intenta que sus amigos prueben productos. BzzAgent tiene casi 100,000 agentes como Jenny. Muchos de estos agentes son niños. Entre los productos hay goma de mascar, bebidas sin alcohol, música y películas.

## Sí, miles de millones

¿Por qué quieren compañías como BzzAgent vender cosas a los niños? ¡Porque los niños gastan dinero! Hace poco, los niños de entre 12 y 19 años gastaron $169 mil millones en un año!

## ¿Agentes secretos?

Algunos niños mantienen en secreto su trabajo de agente. Pero Jenny se lo contó a su familia y a sus amigos. Algunos líderes del mercadeo entre pares piensan que los agentes nunca deben ser agentes secretos. *—Brenda Iasevoli*

▲ Los niños son gastadores.

▲ ¿Hay agentes secretos aquí?

## ¿Deben los niños hacer que sus amigos prueben productos?

**¡Sí!** Laura Groppe es la directora de una compañía de mercadeo entre pares. La compañía habla con niñas todas las semanas  en su sitio web. "Nuestra agente puede decirnos si un producto nuevo no gusta. Los niños tienen el poder".

*courtesy of Girls Intelligence Agency*

**¡No!** Juliet Schor es profesora de Boston College. Ella dice: "Cuando le dices a un amigo de un producto o una película que te gusta,  está muy bien. Pero cuando adulto te pide que promociones un producto, eso está mal".

*courtesy Juliet Schor*

# Cuadro de escritura: Causa y efecto

**Usa el siguiente cuadro de escritura para resumir oralmente "Comercio con otros países".**

En Estados Unidos tenemos _____
_____.

**Como resultado,** nosotros _____
_____.

Cuando hacemos y cultivamos más productos de los que

necesitamos, **entonces** _____
_____.

Podemos dar algo que tenemos en cantidad **para** _____
_____.

**Como** Estados Unidos no tiene los recursos

para producir plátanos, _____
_____.

Usa el cuadro para escribir el resumen en otra hoja.
Asegúrate de incluir las palabras **resaltadas.** Guarda
esto como un modelo de esta Estructura del texto.

# Pensamiento crítico

1 Los materiales o condiciones valiosas que una nación tiene se llaman _____.

    **A.** plátanos

    **B.** lluvia

    **C.** recursos

2 Busca la oración en "Niños que les venden a niños" que diga cuánto dinero gastaron los niños de entre 12 y 19 años en un año reciente.

3 Lee en voz alta lo que dice Juliet Schor en "Niños que les venden a niños" sobre los niños que promocionan productos entre sus amigos.

Un mapa es un dibujo que muestra dónde quedan diferentes lugares.

4 ¿Qué muestra el mapa de la página 163?

## Aprendizaje digital

Para obtener una lista de enlaces y actividades sobre este tema, visita la página de **Tesoros de lectura** en www.macmillanmh.com.

**Nicholaus Otto**

# Gente que marca una diferencia

Hace muchos años la gente se tardaba días en llegar de un lugar a otro. Entonces un hombre llamado Nicholaus Otto inventó un motor. Un **motor** es una máquina que convierte la energía en poder mecánico o movimiento. Otro hombre, Henry Ford, inventó un auto que podía andar con el motor de Otto.

**Henry Ford**

Poco después, Mary Anderson notó que era difícil ver por el parabrisas en los días de lluvia. Inventó los limpiaparabrisas.

Estos tres individuos hicieron una diferencia en la vida de la gente de hoy.

**Mary Anderson**

Los descubrimientos importantes fueron hechos por científicos. Marie Curie era una científica que descubrió que un elemento llamado radio puede curar ciertas enfermedades. Ese tratamiento, llamado radiación, ha salvado muchas vidas. Albert Einstein era un científico que sabía mucho de matemáticas. Ayudó a los inventores a usar gran cantidad de electricidad de una sola vez.

Marie Curie

Albert Einstein

# Las mujeres hacen historia

### Conoce a cinco mujeres que quedaron en la historia.

Time Life Pictures/Getty Images

## Sally Ride

En 1983, Sally Ride se convirtió en la primera mujer estadounidense en salir al espacio. Trabajó en el transbordador *Challenger.*

Cita: "Lo que me acuerdo más de ... mi vuelo [espacial] es que fue divertido."

Brendan McDermid/Reuters/Corbis

## Effa Manley

Manley fue la primera mujer incluida en el Salón de la Fama de Béisbol. Ella y Abe, su marido, eran los dueños de un equipo de béisbol compuesto totalmente por jugadores negros. El equipo se llamaba Newark Eagles. Esto ocurrió en las décadas de 1930 y 1940. En ese tiempo, los jugadores negros y los jugadores blancos jugaban en equipos diferentes.

Cita: "Abe ... reunió al equipo y yo me encargué de los detalles de negocios. Éramos una sociedad perfecta."

### Nancy Pelosi

Jack Reed/Reuters/Newscom

Nancy Pelosi es la primera mujer en ser presidente de la Cámara de Representantes de EE.UU.

Cita: "Es un momento histórico para el Congreso; es un momento histórico para las mujeres estadounidenses. Es el momento por el que hemos esperado más de 200 años."

### Toni Morrison

Marc Brasz/Corbis Images

En 1993 Morrison se convirtió en la primera mujer afroamericana en ganar el Premio Nobel de literatura.

Cita: "Si hay un libro que realmente quieres leer pero que todavía no se ha escrito, tú debes escribirlo."

### Eileen Collins

AP Photo/Nasa

En 1999, Eileen Collins se convirtió en la primera mujer en comandar una misión en un transbordador espacial.

Cita: "Mi hija cree que todas las mamás vuelan en transbordadores espaciales ... Muchas veces he querido que alguna mujer hubiera hecho este trabajo en el pasado. Pienso que esto se ha tardado demasiado tiempo."

# Cuadro de escritura: Orden de los sucesos

Usa el siguiente cuadro de escritura para resumir oralmente "Gente que marca una diferencia".

Hace muchos años la gente  se tardaba días en _____
_____.

Entonces, _____
_____.

Poco después, _____
_____.

Luego, ella _____.

Otros descubrimientos importantes también fueron hechos
por _____

Usa el cuadro para escribir el resumen en otra hoja.
Asegúrate de incluir las palabras **resaltadas.** Guarda
esto como un modelo de esta Estructura del texto.

# Pensamiento crítico

**1** Una máquina que convierte energía en poder mecánico o movimiento se llama _____.

    **A.** motor

    **B.** enfermedad

    **C.** electricidad

**2** Señala la cita de Sally Ride de "Las mujeres hacen historia". ¿Qué pensó ella acerca de su viaje espacial?

**3** Lee en voz alta la cita de Toni Morrison del mismo artículo. ¿Qué aprendiste acerca de ella?

**4** Observa las fotografías de las personas de las páginas 168 y 169. ¿De qué manera marcó cada persona una diferencia?

Una fotografía es una imagen tomada con una cámara.

## Aprendizaje digital

Para obtener una lista de enlaces y actividades sobre este tema, visita la página de **Tesoros de lectura** en www.macmillanmh.com.

# Líderes por la libertad

Hace muchos años, cuando Abraham Lincoln era presidente, hubo una guerra entre nuestros estados. La guerra era por la esclavitud. La **esclavitud** ocurre cuando una persona le quita la libertad a otra.

El presidente Lincoln estaba en contra de la esclavitud. Escribió una orden para darles la libertad a todas las personas esclavizadas del Sur.

▼ **Abraham Lincoln con algunos soldados.**

Toro Sentado era un jefe indígena lakota. Igual que Lincoln, Toro Sentado sabía la importancia de ser libre. Hace mucho tiempo, muchos indígenas norteamericanos fueron obligados a abandonar sus tierras. El gobierno quería dejar el lugar libre para la gente blanca.

Toro Sentado sabía que eso no era justo. Tuvo el valor de pelear por su pueblo.

▲ Toro Sentado

Susan B. Anthony pensaba que Estados Unidos sería un mejor lugar si todas las personas fueran tratadas de la misma manera. Trabajó mucho para cambiar las leyes en la época en que las mujeres no podían votar. Lideró marchas y dio discursos.

▲ Susan B. Anthony

# El viaje del Dr. King

El Dr. Martin Luther King, Jr. soñaba que la paz podía cambiar el mundo.

## El poder de la protesta

Todos los meses de enero celebramos la vida del Dr. Martin Luther King, Jr. Él cambió nuestra nación. Creía que todos deben tener los mismos derechos.

El Dr. King nació en Atlanta, Georgia, en 1929. En esa época, muchas leyes separaban a los blancos de los negros. Esas leyes eran injustas, y mucha gente quería un cambio.

En la década de 1950, el Dr. King y otros líderes protestaron pacíficamente contra esas leyes injustas. El Dr. King creía en el poder de la protesta sin violencia.

▲ 1958: El Dr. King sale del hospital después de recuperarse de una puñalada.

▶ Michigan, 1961: Esta parada de autobuses tenía salas de espera diferentes para negros y blancos.

BUS DEPOT

WHITE WAITING —ROOM— Intrastate Passengers

## La Marcha de Washington, 1963

En 1963, King lideró una marcha a Washington, D.C. En ella participó una multitud de entre 200,000 y 500,000 personas de todas las razas. Lo que el Dr. King dijo ese día todavía inspira a la gente: "Estoy feliz de unirme a ustedes en este día que pasará a la historia como la mayor demostración de libertad de nuestra nación."

▼ El Dr. King (cuarta persona de la izquierda) se reúne con el presidente Kennedy (cuarto de la derecha) en 1963.

## Hacer historia

Después de la marcha, el Dr. King y otros líderes se reunieron con el presidente John F. Kennedy. La reunión sirvió para establecer la Ley de Derechos Civiles. La ley decía que los afroamericanos debían tener los mismos derechos que los demás.

En 1964, el Dr. King ganó el premio Nobel de la paz. Este premio lo reciben las personas que luchan por conseguir la paz y la unidad del mundo.

CR_PhotoCredit

# Cuadro de escritura: Comparar y contrastar

Usa el siguiente cuadro de escritura para resumir oralmente "Líderes por la libertad".

Abraham Lincoln, Toro Sentado y Susan B. Anthony se parecían en que _____ .

Pero la **diferencia** entre Abraham Lincoln y Toro Sentado y Susan B. Anthony era que Lincoln era _____
_____ .

Sin embargo, **al igual que** Toro Sentado y Susan B. Anthony, el presidente Lincoln _____ .

Lincoln _____
_____ .

Lincoln _____ .

**Tanto** Toro Sentado **como** Susan B. Anthony _____
_____ .

Usa el cuadro para escribir el resumen en otra hoja. Asegúrate de incluir las palabras **resaltadas.** Guarda esto como un modelo de esta Estructura del texto.

# Pensamiento crítico

1 Si una persona le quita la libertad a otra, esto se llama _____.

    **A.** guerra

    **B.** valor

    **C.** esclavitud

2 Vuelve a leer la oración de "El viaje del Dr. King" que dice cuándo él nació.

3 ¿Qué ganó Martin Luther King, Jr. en 1964? Señala la oración que dice esto.

4 Compara y contrasta las fotografías y las leyendas de Abraham Lincoln, Toro Sentado y Dr. Martin Luther King, Jr.

Una leyenda es un título o una explicación de una fotografía.

## Aprendizaje digital

Para obtener una lista de enlaces y actividades sobre este tema, visita la página de **Tesoros de lectura** en www.macmillanmh.com.

# George Washington Carver

George Washington Carver nació en una granja de Missouri. George aprendió a querer todo lo que crecía en la granja. La gente le pedía que fuera a sus casas a curar las plantas enfermas. Lo llamaban "el médico de las plantas".

Cuando George intentó ir a la **universidad,** fue rechazado por el color de su piel. Una universidad es un lugar donde se ofrece un nivel de educación elevado. George era muy valiente. Buscó otra universidad. Allí estudió mucho y se convirtió en un gran científico. Descubrió más de 300 maneras de usar maní, entre ellas cómo hacer mantequilla de maní o cacahuate.

# Golda Meir

Golda Meir fue una gran líder. A los 70 años de edad se convirtió en primera ministra de Israel. Israel es un país en el continente de Asia.

Golda era judía. Nació en Rusia. En Rusia, muchas personas judías no eran tratadas con justicia. Cuando tenía ocho años, su familia se mudó a Estados Unidos.

De adulta, Golda decidió ayudar a la gente judía de todo el mundo. Se reunió con otras personas judías. Hicieron un plan para volver a Israel, la tierra en donde los judíos habían vivido hace mucho tiempo.

Golda Meir fue primera ▶ ministra de Israel de 1969 a 1974.

# Su huella en la historia

Todos los años, el Correo de EE.UU. emite estampillas en honor a afroamericanos importantes. Éstas son algunas personas que se han honrado.

## Sojourner Truth

Nació en 1797 en medio de la esclavitud. Tiempo después, al ser libre, viajó por el Noreste y los estados centrales. Dio discursos contra la esclavitud y a favor de los derechos de la mujer.

## Según sus propias palabras

"Tengo el derecho de tener tanto como tiene un hombre".

## Harriet Tubman

Ayudó a cientos de esclavos a escapar de la esclavitud entre 1850 y 1860. Los ayudó a escaparse al Norte, donde podían ser libres. La ruta secreta por donde los llevaba se llamaba "Ferrocarril Subterráneo". Las personas a quien ayudaba se llamaban "pasajeros".

## Según sus propias palabras

"Jamás hice descarrilar mi tren y nunca perdí a ningún pasajero".

## W.E.B. DuBois

En 1909, este escritor inició una organización que aún hoy ayuda a los afroamericanos.

### Según sus propias palabras

"El alma humana no puede permanecer permanentemente encadenada".

## Bessie Coleman

En 1921 se convirtió en la primera persona afroamericana en obtener su licencia de piloto.

### Según sus propias palabras

"Me rehusaba a aceptar la 'no' respuesta".

## Jackie Robinson

En 1947 se convirtió en el primer afroamericano en jugar en las Ligas Mayores de Béisbol modernas.

### Según sus propias palabras

"En este país no hay ningún estadounidense [que sea] libre hasta que todos lo seamos".

# Cuadro de escritura: Causa y efecto

Usa el siguiente cuadro de escritura para resumir oralmente "George Washington Carver" y "Golda Meir".

**Como** George Washington Carver nació en una granja, él

_____

_____ .

**Como** él podía curar las plantas enfermas de otras

personas, _____

_____ .

Cuando George intentó ir a la universidad, _____

_____ .

Pero él fue muy valiente. Como **resultado,** _____

_____ .

Golda Meir fue una gran líder. Como **resultado,** _____

_____ .

Usa el cuadro para escribir el resumen en otra hoja. Asegúrate de incluir las palabras **resaltadas.** Guarda esto como un modelo de esta Estructura del texto.

# Pensamiento crítico

1 Un lugar que ofrece un nivel elevado de educación se llama _____

    **A.** país

    **B.** universidad

    **C.** familia

2 Busca las oraciones en "Estampillas históricas" que dicen lo que hizo Sojourner Truth.

3 Señala la parte en "Estampillas históricas" donde puedes hallar una cita de Jackie Robinson.

4 Señala las fotografías de George Washington Carver y de Golda Meir en las páginas 180 y 181.

Una leyenda es un título o una explicación de una fotografía.

## Aprendizaje digital

Para obtener una lista de enlaces y actividades sobre este tema, visita la página de **Tesoros de lectura** en www.macmillanmh.com.

## Ilustraciones

19: Christine Schneider. 30: Sue Carlson. 55: Sam Tomasello. 60–61: Susan Trimpe. 102: Peggy Tagel

## Fotografías

### All photos for Macmillan/McGraw-Hill except as noted below:

Cover: Karl Ammann/CORBIS. 6: Jane Burton/Dorling Kindersley/Getty Images. 7: Ken Lucas/Getty Images. 12: (cl) Photodisc/Getty Images; (c) Photodisc/Getty Images; (cl) Photodisc/Getty Images. 13: (tcr) Norbert Schaefer/CORBIS; (bl) Rolf Bruderer/CORBIS; (br) Spencer Grant/Photo Edit; (cr) Steve Cole/Photodisc Red/Getty Images. 18: Kevin R. Morris/CORBIS. 24: Photolibrary.com Pty. Ltd./Index Stock Imagery. 25: Tim Ridley/Dorling Kindersley. 31: (tr) © JBJ Productions/zefa/CORBIS; (cr) O'Brien Pictures/Jupiter Images; (bl) Photofusion Picture Library/Alamy. 36: (bcl) Brand X Pictures/PunchStock; (br) Gary Crabbe/Alamy; (bl) Papilio/Alamy; (bc) Siede Preis/Getty Images. 37: Brand X Pictures/PunchStock. 42: (bcl) Don Vail/Alamy; (bcr) David Boag/Oxford Scientific/Jupiterimages; (bcl) Hans Pfletschinger/Peter Arnold. 43: (bcr) Zigmund Leszczynski/Animals Animals-Earth Scenes; (tcl) John T. Fowler/Alamy; (tc) PHOTOTAKE Inc./Alamy; (tcr) DIOMEDIA/Alamy; (cl) Papilio/Alamy; (tr) John P. Marechal/Bruce Coleman. 48: (tcr) Tom Silver/CORBIS; (tr) Daniel J. Cox/CORBIS; (b) Mark Raycroft/Minden Pictures. 49: Tom & Pat Leeson/Ardea London Ltd. 54: (tr) Maryann Frazier/Photo Researchers, Inc.; (b) Theo Allofs/zefa/CORBIS. 55: Fabrice Bettex/Alamy. 66: (tr) Harry Taylor/Dorling Kindersley; (b) Colin Keates/Dorling Kindersley, Courtesy of the Natural History Museum, London. 67: (tcr) Colin Keates/Dorling Kindersley, Courtesy of the Natural History Museum, London; (c) wsr/Alamy. 72: David Keaton/CORBIS. 73: Boris Karpinski/Alamy. 78: (cr) Don Farrall/Getty Images; (bcl) geogphotos/Alamy. 79: (cr) Maurice Harmon/Graphistock/PictureQuest; (br) Matt Meadows/Peter Arnold, Inc.; (cl) Franck Jeannin/Alamy; (bcl) Mark & Audrey Gibson/Stock Connection (IPNStock). 84: (tr) Layne Kennedy/CORBIS; (b) Francois Gohier/Gaston Design/Photo Researchers, Inc. 85: Ken Lucas/Visuals Unlimited. 90: (c) PhotoLink/Getty Images; (bl) Michael S. Yamashita/CORBIS; (bc) Juliette Wade/Dorling Kindersley; (br) Lester V. Bergman/CORBIS. 91: (tr) davies and starr/Getty Images; (b) Bettmann/CORBIS. 96: Fred Ramage/Hulton Archive/Getty Images. 97: (bl) Corbis; (bcl) Corbis; (bcr) Getty Images/Blend Images RR; (br) Superstock; (cr) Photodisc/Alamy. 115: (cl) Bettmann/CORBIS; (br) MIXA/Getty Images; (tr) Image Source Pink/Getty Images. 120: Mark E. Gibson/MIRA: Media Image Resource Alliance. 121: (tr) Mark Gibson/Index Stock Imagery; (b) Robert Glusic/Photodisc/Getty Images. 126: Dennis Cook/AP. 127: Comstock Production Department/Comstock Images/Alamy Images. 132: (bl) Tom Hanson/CP/AP-Wide World Photos; (bcr) Chris Wattie/Reuters/CORBIS. 133: (b) Jorge Uzon/AFP/Getty Images; (cr) © Marcos Delgado/epa/CORBIS. 138: Creatas/Dynamic Graphics Group/Alamy Images. 139: (b) qaphotos.com/Alamy Images; (tr) © Reuters/CORBIS. 144: (cr) D. Hurst/Alamy Images; (b) © Archivo Iconografico, S.A./CORBIS. 145: (tr) © David Muench/CORBIS; (bl) © Tom Bean/CORBIS; (br) Peter Dean/Agripicture Images/Alamy Images. 150: (cl) Larry Lefever/Grant Heilman Photography, Inc.; (cr) James P. Blair/Photodisc Green/

Getty Images; (bc) Royalty-Free/CORBIS. 151: (tr) Michael Melford/The Image Bank/Getty Images; (b) Walter Hodges/CORBIS. 152: Burke Triolo Productions/Getty Images. 156: (cl) J.A. Kraulis/Masterfile; (cr) Pictor International/Image State/Alamy Pictures/Alamy; (cl) Ryan McVay/Getty Images. 157: (br) Eddie Stangler/Index Stock Photography; (b) Rick Sullivan/Bruce Coleman, Inc. 162: Ian Murphy/Stone/Getty Images. 163: (br) Danny Lehman/CORBIS; (bl) Juan Silva/Getty Images. 168: (cr) Bettmann/CORBIS; (tr) Bettmann/CORBIS; (br) Kim Mould/Omni-Photo Communications, Inc.; (bl) Courtesy Birmingham Public Library Archives, Portrait Collection. 169: (l) Hulton Archive/Getty Images; (r) Courtesy of the Archives, California Institute of Technology. 174: Bettmann/CORBIS. 175: (tr) CORBIS; (br) CORBIS. 180: Stock Montage/Hulton Archive/Getty Images. 181: (tl) David Rubinger/Time Life Pictures/Getty Images; (br) Popperfoto/Alamy Images